BRASIL
entre o PASSADO *e o* FUTURO

EMIR SADER e MARCO AURÉLIO GARCIA (orgs.)

BRASIL
entre o PASSADO e o FUTURO

DILMA ROUSSEFF · GUILHERME DIAS · JORGE MATTOSO · JOSÉ ANTONIO
P. DE SOUZA · LUIZ DULCI · MARCIO POCHMANN · NELSON BARBOSA

EDITORA FUNDAÇÃO
PERSEU ABRAMO

BOITEMPO
EDITORIAL

Capa: Antonio Kehl (Boitempo)
Projeto Gráfico: Caco Bisol
Diagramação: Márcia Helena Ramos
Preparação de texto: Eloísa Aragão (EFPA)
Revisão: Thaís Nicoleti de Camargo (Boitempo)
Colaborador desta edição: Bruno Gaspar (EFPA)
Assistência editorial: Frederico Ventura, Elisa Andrade Buzzo e Gustavo Assano (Boitempo)
Produção: Marcel Iha (Boitempo)

ISBN 978-85-7643-059-9 (Editora Fundação Perseu Abramo)
ISBN 978-85-7559-158-1 (Boitempo Editorial)

Fundação Perseu Abramo
Instituída pelo Diretório Nacional do
Partido dos Trabalhadores, em maio de 1996.

Diretoria
Presidente: Nilmário Miranda
Vice-presidente: Elói Pietá
Diretores: Flávio Jorge, Iole Ilíada,
Paulo Fiorilo, Selma Rocha

Editora Fundação Perseu Abramo
Coordenação editorial: Rogério Chaves
Assistente editorial: Raquel Costa
Rua Francisco Cruz, 224
04117-091 - São Paulo/SP
Telefone: (11) 5571-4299
Fax: (11) 5571-0910
editora@fpabramo.org.br

Boitempo Editorial
Coordenação editorial: Ivana Jinkings
Editor-assistente: Jorge Pereira Filho
Jinkings Editores Associados Ltda.
Rua Pereira Leite, 373
05442-000 - São Paulo/SP
Tel./Fax: (11) 3875-7250 / 3872-6869
editor@boitempoeditorial.com.br
www.boitempoeditorial.com.br

Este livro obedece às regras do Novo Acordo da Língua Portuguesa.

É vedada, nos termos da lei, a reprodução de qualquer parte deste livro sem a expressa autorização das editoras.

1ª edição: fevereiro de 2010

Dados Internacionais de Catalogação na Publicação (CIP)

B823   Brasil, entre o passado e o futuro / [organização] Emir Sader, Marco Aurélio
       Garcia — São Paulo : Editora Fundação Perseu Abramo : Boitempo, 2010.
       200 p.

       ISBN 978-85-7643-059-9 (Editora Fundação Perseu Abramo)
       ISBN 978-85-7559-158-1 (Boitempo Editorial)

       1. Brasil - Política e governo. 2. Silva, Luiz Inácio Lula da, 1945-. 3. Política
       econômica - Brasil. 4. Brasil - Relações internacionais. 5. Renda -
       Distribuição. 6. Estrutura social - Brasil. I. Sader, Emir.

                                                              CDU 32(81)
                                                              CDD 320.981

(Bibliotecária responsável: Sabrina Leal Araujo — CRB 10/1507)

Sumário

9 APRESENTAÇÃO

11 BRASIL, DE GETÚLIO A LULA
EMIR SADER

31 O BRASIL HERDADO
JORGE MATTOSO

57 A INFLEXÃO DO GOVERNO LULA:
POLÍTICA ECONÔMICA, CRESCIMENTO E DISTRIBUIÇÃO DE RENDA
NELSON BARBOSA E JOSÉ ANTONIO PEREIRA DE SOUZA

111 A SOCIEDADE PELA QUAL SE LUTA
MARCIO POCHMANN E GUILHERME DIAS

133 PARTICIPAÇÃO E MUDANÇA SOCIAL NO GOVERNO LULA
LUIZ SOARES DULCI

153 O LUGAR DO BRASIL NO MUNDO
A POLÍTICA EXTERNA EM UM MOMENTO DE TRANSIÇÃO
MARCO AURÉLIO GARCIA

177 UM PAÍS PARA 190 MILHÕES DE BRASILEIROS
ENTREVISTA COM DILMA ROUSSEFF

Apresentação

Tem sido dito – com certa razão – que a grande transformação econômica, social e política pela qual o Brasil vem passando nos últimos sete anos não foi, até agora, objeto de uma reflexão mais aguda, como ocorreu em outros períodos de nossa história republicana.

Os textos que compõem este livro pretendem sanar em parte esse vazio, na perspectiva dos que valorizam positivamente as mudanças em curso no país. Eles buscam contribuir para a compreensão do Brasil contemporâneo – de seu passado, de seu presente e do seu futuro. São um conjunto de análises que abordam diferentes temas vinculados à herança recebida pelo governo Lula, às transformações realizadas por este e às propostas para sua consolidação, aprofundamento e desdobramentos futuros.

Trata-se de contribuições individuais, advindas de óticas distintas. Elas convergem, no entanto, no projeto de "um país para todos", expresso pela ministra Dilma Rousseff (Casa Civil), em sua entrevista, quando fala da necessidade de seguir construindo "um Brasil para 190 milhões".

Parte-se das origens do Brasil contemporâneo, passando pela herança econômica recebida por Lula, pela evolução de sua política econômica, pelas novas relações com os movimentos sociais, pelo lugar do Brasil no mundo e chega-se a um novo desenho das relações sociais, em função das extensas transformações que o país atravessa.

Os textos apontam para a necessidade de teorizar não em abstrato, mas a partir da prática desse governo. É a clareza sobre os obstáculos enfrentados, sobre os avanços realizados e o potencial aberto para o futuro que permitirá ao país seguir trilhando o caminho da emancipação econômica e social até aqui percorrido.

Pretendemos contribuir para a mais ampla discussão que as forças do campo popular e a cidadania em geral necessitam desenvolver. Assim o Brasil poderá assumir, com consciência e mobilização, os desafios que o projetem como uma sociedade justa, solidária, soberana e humanista.

Emir Sader
Marco Aurélio Garcia

Emir Sader[1]

Brasil, de Getúlio a Lula

Atualmente, o Brasil vive um momento diferenciado da sua história política, uma história que, em 2010, completará suas oito décadas mais importantes. Desde 1930, nosso país passou por imensas transformações, em um processo que manteve, ao mesmo tempo, elementos de continuidade e elementos de ruptura. Isso fez mudar sua fisionomia econômica, social, política e cultural, de forma profunda e irreversível. De país rural, tornou-se urbano. De agrícola, industrializado. De um Estado restrito às elites, passou-se a um Estado nacional. De país voltado ao exterior, passou-se a outro voltado sobre si mesmo. De Getúlio a Lula transcorreram décadas fundamentais, com elementos progressivos e regressivos, contraditórios, que chegam ao começo do século XXI caracterizados por uma circunstância nova. Ela pode tanto se fechar, sob a forma de um marcante parêntese, como se tornar uma ponte para a ruptura definitiva do modelo herdado e para a continuidade em um novo patamar da construção de um país justo, democrático, soberano.

A ruptura mais importante aqui se deu em 1930. Até aquele momento, grandes pactos de elite bloqueavam a possibilidade de o

---

[1] Emir Simão Sader é cientista político e professor da Universidade de São Paulo (USP). É secretário-executivo do Clacso (Conselho Latino-Americano de Ciências Sociais) e dirige o Laboratório de Políticas Públicas da Universidade do Estado do Rio de Janeiro (LPP-Uerj). É autor, entre outros livros, de *Século XX - Uma biografia não-autorizada* (Ed. Fundação Perseu Abramo), *A nova toupeira* e *A vingança da história* (Boitempo). Coordenou, ao lado de Ivana Jinkings, a *Latinoamericana: Enciclopédia Contemporânea da América Latina e do Caribe*, também publicada pela Boitempo.

povo assumir o protagonismo da história do país. Diferentemente do que ocorreu com outros países do continente – excetuando Cuba e Porto Rico –, a independência em solo nacional adveio não da expulsão dos colonizadores, mas da primeira expressão do transformismo, conforme o sentido que lhe deu Gramsci. Por meio daqueles acordos de elites, passamos da colônia à monarquia, e não à república. Fomos o país que mais tarde aboliu a escravidão, enquanto o domínio do latifúndio no campo se consolidou, em um sistema que perpetuou os laços com a metrópole colonial e a concentração da propriedade rural.

A crise de 1929 determinou o esgotamento do modelo econômico que tinha orientado a nossa inserção – como país colonizado – no mercado internacional, por intermédio da exportação de matérias-primas. Foi o momento em que as grandes potências controladoras do nosso comércio exterior se declararam em crise e reduziram drasticamente suas exportações e importações. Os efeitos foram tão graves que praticamente todos os governos da América Latina caíram – mesmo os progressistas, como o de Hipólito Yrigoyen[2], na Argentina.

A Revolução de 1930 introduziu um novo período, cujo marco se deu com a quebra da chamada "política do café com leite". A presidência passou das mãos de Washington Luís – um mandatário que afirmara que "a questão social é uma questão de polícia", o último presidente paulista antes de Fernando Henrique Cardoso, ambos nascidos no Rio de Janeiro, mas adotados pela elite paulista – para Getúlio Vargas. Este, em seu governo, fez o Estado assumir responsabilidades sobre os direitos sociais, passando a se referir aos brasileiros, em seus discursos, como "trabalhadores do Brasil". O fundamental de seu legado foi a criação de um Estado nacional, sucedendo a um consórcio das elites econômicas e políticas regionais: a maior ruptura progressista ocorrida até então.

Nessa época, mediante políticas sociais, sindicalização dos trabalhadores, um projeto nacional e um discurso popular, fez-se

---

2 Juan Hipólito del Sagrado Corazón de Jesús Irigoyen, conhecido como Hipólito Yrigoyen, foi por duas vezes presidente da Argentina (de 1916 a 1922 e de 1928 a 1930, ano em que foi deposto).

o reconhecimento de proporções crescentes de brasileiros em um Estado que priorizou o desenvolvimento econômico como o Norte do país. Foi o início do período mais prolongado e profundo de expansão da economia e de extensão dos direitos sociais. As oito décadas transcorridas a partir daquele momento foram marcadas por inflexões importantes, a começar pela de 1955, que redefiniu o desenvolvimento. O Estado passa a se distanciar de um caráter expressamente nacional – nele, as empresas estatais desempenhavam papel principal – para receber o ingresso maciço de capital estrangeiro, quando a indústria automobilística passou a ser o carro-chefe do desenvolvimento industrial, respondendo, de forma direta ou indireta, por um quarto do PIB brasileiro.

Desde a maior das rupturas (1930) até hoje, algumas inflexões redirecionaram a história brasileira de maneira significativa. A ditadura militar representou um desses marcos divisórios. Uma inflexão se deu com o golpe militar de 1964, substantiva no plano econômico, no plano social, com abertura econômica para capitais estrangeiros e arrocho salarial – o santo do "milagre econômico" – e no plano político, com a ruptura da continuidade democrática e a passagem para uma ditadura militar. Foi imposta pela força uma ruptura com o processo gradual de democratização social, política, econômica e cultural, predominando um modelo centrado na exportação e no consumo de luxo, associado a uma feroz repressão aos sindicatos e aos movimentos populares, com a correspondente superexploração do trabalho.

A redemocratização iniciada durante o governo do último general, João Batista Figueiredo, representou uma ruptura político-institucional que não rompeu com as bases econômicas e sociais do poder monopólico. Em vez de serem objetos de democratização, os poderes dos bancos, da terra, da grande mídia privada, dos grandes monopólios nacionais e internacionais foram fortalecidos. A eleição do primeiro presidente civil pós-ditadura, não se deu pelo voto direto, mas pelo Colégio Eleitoral, o que facilitou uma nova conciliação das elites, de modo que o novo regime se tornou um produto híbrido, com elementos do velho e do novo. Passamos a uma democracia política sem alma social, democracia formal sob os moldes do liberalismo e sem alteração em nosso recorde negativo, a presença entre os países com maior desigualdade de renda do mundo.

Tanto que essa democracia foi funcional ao modelo neoliberal – hoje tão execrado nacional e internacionalmente. Mais recentemente, o governo de Fernando Henrique Cardoso (FHC) ganhou total apoio das elites, apesar de ter acentuado a desigualdade social, concentrado ainda mais o poder econômico e fragilizado a democracia reconquistada. Com estas palavras, FHC sentenciou a inflexão de seu governo: "Viraremos a página do getulismo". Ele tinha consciência de que o neoliberalismo – o reino do mercado, do Estado mínimo – não conseguiria impor-se sem destruir a sobrevivência do Estado nacional, regulador, indutor do desenvolvimento e distribuidor de renda. Essa foi sua obra, fracassada.

Na década passada, o extenso e radical reino do neoliberalismo tomou conta deste continente. Mas, na última década, participamos de movimentos que rejeitam aquele modelo e buscam formas de superá-lo. Pela primeira vez, desde os governos de Getúlio Vargas, por dois mandatos consecutivos, forças do campo popular dirigem o país num caminho aberto pelo governo Lula, numa era híbrida, composta por continuidades e rupturas.

Como isso foi possível, depois de 21 anos de ditadura militar e mais de uma década de governos neoliberais? Qual o fio condutor que articula o movimento popular brasileiro desde suas origens contemporâneas, na Revolução de 1930 – passando por oito décadas de acontecimentos tão significativos, progressivos e regressivos – até chegar ao complexo período que vivemos?

Da classe contra a classe à questão nacional

As origens do movimento popular brasileiro precedem a Revolução de 1930: provêm do sindicalismo anarquista, do comunista e socialista, que, pela primeira vez, levantaram no Brasil a necessidade de uma alternativa ao sistema de poder dominante. Suas bandeiras, diretamente classistas, foram influenciadas pela interpretação da Revolução Russa (1917) como uma revolução "operário-camponesa" e pelas lutas do movimento operário europeu. Tiveram grande mérito ao dar início à organização autônoma do movimento popular, centrada na atuação dos trabalhadores imigrantes, que, por sua vez, trouxeram experiências com as doutrinas fundadoras da esquerda na Europa – de composição urbana, sem raízes no campo. No entanto, no Brasil, a maioria da população residia na zona rural, de modo que a vertente de esquerda que se formou não elaborou estratégias específicas, assentadas na realidade brasileira. Por isso, temas candentes, como a luta contra o latifúndio, a dominação externa e a elaboração de estratégias nacionais, não eram ainda centrais para a esquerda.

A crise de 1929 apresentou os primeiros grandes desafios para o movimento popular brasileiro. Como reagir diante do esgotamento do modelo primário-exportador? Que estratégia nacional deveria ser elaborada para organizar as forças populares e constituir um bloco de transformação radical do país? Que posição tomar diante do nacionalismo?

O movimento nacionalista captou a natureza da crise e a saída por meio de assembleias alternativas, soube entender o peso da identidade e dos interesses nacionais no processo de industrialização emergente, em um quadro mundial em que os Estados ressurgiam com força; ao contrário dos partidos de esquerda – em particular o Partido Comunista, o mais importante deles. Este manteve a linha da Internacional Comunista, de classe contra classe, subestimando o peso que a questão nacional passaria a ter em países como o nosso, na periferia capitalista.

A Revolução de 1930 deu início ao que seria o movimento popular brasileiro nas décadas seguintes; um movimento centrado no nacionalismo como ideologia, em um bloco de forças entre o empresariado brasileiro, o movimento sindical urbano, e as classes médias, comandadas pelo novo Estado brasileiro, o primeiro Estado com dimensão e ideologia nacional. Pela primeira vez, o Brasil se pensava como nação e dispunha de um projeto nacional.

O modelo hegemônico introduzido pela Revolução de 1930 pode ser caracterizado como um modelo nacional-estadista, no qual o impulso ao desenvolvimento foi centrado, fundamentalmente, no Estado e na industrialização. A organização das classes fundamentais emergentes – empresariado nacional, classes médias e movimento sindical urbano – era articulada pelo Estado, incentivador da unidade corporativa desses setores, mas que, ao mesmo tempo, vetava sua constituição política, então regida pela liderança de Getúlio Vargas.

Essa orientação, aliada à visão classista da esquerda – em particular do Partido Comunista –, provocou certo distanciamento entre a esquerda partidária organizada e o movimento nacionalista. Num segundo momento, nos anos de 1940, aproximaram-se a ponto de marcar a identidade da esquerda por algumas décadas.

A postura do nacionalismo brasileiro (e latino-americano) diante do liberalismo foi outro elemento essencial para definir a identidade do campo popular. Na Europa, o liberalismo foi a ideologia da burguesia ascendente, que lutava pela livre circulação de mercadorias e contra as travas feudais, sobretudo em relação à compra e à venda livres da terra e da força de trabalho. Já o nacionalismo assumiu um caráter egoísta, advindo da suposta superioridade de uma nação sobre a outra, ideia profundamente explorada nas duas guerras mundiais, como expressão das contradições interimperialistas.

Na periferia do sistema – em particular, na América Latina e no Brasil –, o liberalismo foi a ideologia do bloco primário-exportador, cujos interesses se fundamentavam no livre-comércio de exportação e importação. Centrava-se no liberalismo econômico, este não necessariamente alinhado ao liberalismo político.

A dominação externa, colonial e imperialista, caracterizou nossa inserção no mercado internacional. Aqui o nacionalismo manteve um caráter de resistência à exploração externa. Foi antiliberal no plano econômico para proteger o mercado interno e fomentar a industrialização nacional. Do mesmo modo, foi antiliberal no plano político – nos casos mais conhecidos, de Getúlio

Vargas e Juan Domingo Perón[3] –, estabelecendo a predominância da unidade em torno da nação e do Estado em contraposição ao sistema de partidos, o qual consideravam que dividiria a nação. Essa posição do nacionalismo latino-americano fez com que se dissociassem as questões nacional e social – fortemente reivindicadas por ele – e a questão democrática, que, sob a forma liberal, ficou nas mãos da direita. O movimento popular, especificamente no caso brasileiro, assumiu a bandeira nacionalista e social, constituída por uma aliança de classes entre o grande empresariado nacional, setores das classes médias e o movimento sindical urbano. A direita buscou opor-se a essa perspectiva, fundada em visões democrático-liberais.

O processo de sindicalização deu início ao de organização popular, mas restringiu-o apenas aos setores dos trabalhadores urbanos. Por não tocar na estrutura agrária, terminou por perpetuar o poder do latifúndio, que perdera sua hegemonia para a burguesia industrial ascendente. Isso causou a separação entre o destino dos trabalhadores do campo – uma imensa maioria de mão de obra – e o dos urbanos, favorecendo a continuação da emigração do campo para as cidades.

No segundo período do pós-guerra, a estratégia hegemônica da esquerda se assentava na luta contra o latifúndio e o imperialismo, buscando desbloquear o desenvolvimento econômico, ao considerar que as travas externas e rurais seriam os obstáculos centrais à modernização industrial, ao desenvolvimento econômico e social do país e à afirmação da sua identidade nacional. Essa estratégia considerava que haveria uma primeira etapa de luta nacional e democrática, até que se criassem as condições para uma luta anticapitalista.

Foi um período de extraordinários avanços no desenvolvimento econômico do país, na construção do Estado nacional, na conquista dos direitos sociais da população e na elaboração de uma ideologia nacionalista.

---

3 Juan Domingo Perón foi militar e político argentino, presidente de seu país por duas vezes, de 1946 a 1955 e de 1973 a 1974.

Uma série de fatores coincidentes proporcionaram essa conjuntura favorável. Em primeiro lugar, a recessão internacional e o refluxo dos investimentos estrangeiros, favorecendo a estratégia de industrialização pela substituição de importações; em segundo, a Segunda Guerra Mundial e a Guerra da Coreia. Esse período coincidiu igualmente com o maior ciclo longo expansivo do capitalismo internacional, do qual a industrialização de países da periferia como o Brasil, a Argentina e o México fizeram parte. Assim, de 1930 a 1954, abriu-se um espaço *sui generis* para o desenvolvimento econômico nacional, funcional ao ciclo expansivo internacional.

O fim da Guerra da Coreia representou um substancial retorno dos investimentos estrangeiros, particularmente os norte-americanos, estabelecendo o fechamento do ciclo fortemente nacionalista no Brasil e na Argentina – não por acaso Getúlio Vargas caiu em 1954, e, em 1955, Juan Domingo Perón foi deposto. Na metade da década de 1950, chegaram os investimentos na indústria automobilística, que trouxeram consequências ao caráter do desenvolvimento econômico, assim como no plano das forças sociais e do próprio Estado. Eles mudaram o rumo do desenvolvimento econômico, objetivo central do modelo dominante, mas o capital estrangeiro foi deslocado para o desenvolvimento econômico – em particular para a indústria automobilística, o eixo da economia.

No governo de Juscelino Kubitschek (1956-1961), o desenvolvimento passou a priorizar o caráter nacional. Nele, a composição da classe operária se viu alterada, com a migração maciça de trabalhadores nordestinos para a indústria privada – prioritariamente paulista – em detrimento da busca por empresas estatais e pelo epicentro econômico e social representado pelo Rio de Janeiro.

No entanto, o movimento popular continuou se fortalecendo por meio da influência da sindicalização realizada nas cidades e, embrionariamente, no campo. A polarização política dava-se entre os mesmos blocos, sem refletir ainda a expansão da presença do capital estrangeiro no país, a qual se fez sentir fortemente quando se intensificaram as articulações para o golpe militar.

A derrota do candidato que daria continuidade ao programa getulista – o general Henrique Batista Teixeira Lott – deslocou o bloco dominante. Porém a renúncia de Jânio Quadros, em 25 de agosto de 1961, proporcionou a João Goulart a oportunidade de ocupar a Presidência e retomar o projeto de Getúlio Vargas numa versão mais popular – com base nas teorias do economista Celso Furtado, em torno das "reformas de base", a formulação mais articulada do projeto do movimento popular naquele período. As medidas anunciadas por Jango em seu último comício – em 13 de março de 1964, na Central do Brasil, no Rio de Janeiro – tomavam esta direção: o início do processo de reforma agrária e a limitação da remessa de lucros para o exterior.

O movimento popular brasileiro atingiu seu auge em termos de mobilização, representado pela extensão e pela diversidade de suas forças e manifestações. Havia um governo com um projeto de reformas estruturais da economia, um movimento sindical forte, estendendo-se dos centros urbanos ao campo, passando a incorporar funcionários públicos e setores das Forças Armadas, grande capacidade de mobilização e combatividade do movimento estudantil, criatividade inédita no conjunto da expressão artística – cinema novo, bossa nova e teatro político, entre outros. O golpe de 1964 abateu, de forma brutal e direta, todas as manifestações populares e democráticas acumuladas no país.

O golpe revelou que a grande burguesia brasileira preferia apoiar a ruptura da democracia para consolidar sua aliança com o grande capital internacional e o latifúndio, ao contrário de se aliar ao movimento popular. Abandonou a bandeira democrática – em nome da qual pregou e apoiou o golpe e a ditadura – e unificou seu auxílio ao novo regime e suas políticas econômicas antinacionais.

O golpe militar foi uma das maiores rupturas vividas pela história brasileira, pois teve um caráter claramente regressivo. O movimento popular brasileiro havia chegado ao seu momento de maior força entre as massas, com as direções políticas de caráter nacional que havia construído, com força ideológica e algum destaque na ocupação de cargos no governo, especialmente em nível nacional.

A ditadura golpeou profundamente o campo popular em todas as suas formas: dos sindicatos urbanos aos rurais, das universidades às escolas básicas, dos intelectuais aos artistas, dos jornais cotidianos às revistas, dos parlamentares progressistas aos juízes, das editoras de livros aos teatros e aos produtores de cinema, dos militantes aos simpatizantes da esquerda. Quebrou-se o eixo do campo popular, assim como suas extensas raízes de massa, instalando-se, pela primeira vez em muitas décadas, um Estado antipopular.

As lutas populares no Brasil foram obrigadas a encarar um novo desafio, o de enfrentar a ditadura, a dominação externa, as oligarquias internas e ainda reivindicar a questão democrática.

Da ditadura à democracia

A ditadura militar mudou radicalmente o perfil do movimento popular progressista do país. Passou-se a não contar com as organizações de massa legais, tendo de computar a repressão sistemática a qualquer forma de organização – sindical, estudantil, camponesa, cultural. Batalhou-se pela questão democrática – a luta contra a ditadura era o mote para unificar amplos setores afetados pela repressão. Ao mesmo tempo, havia o desafio de encontrar meios de atuar diante do fechamento dos espaços de luta nos planos econômico, social, político e cultural. As formas de luta apareciam como questão a ser resolvida com cautela.

A primeira reação da oposição à ditadura foi a de impulsionar a luta clandestina, que acabou, aos poucos, ensejando uma proposta de saída radical da ditadura, centrando suas formas de luta nas ações armadas – de forma paralela às guerrilhas em Cuba e de sua proliferação em outros países do continente, especialmente a Venezuela, o Peru e a Guatemala, concomitantemente com a resistência dos vietnamitas à invasão norte-americana. O movimento estudantil apareceu ativamente na resistência à ditadura, enquanto as esquerdas desenvolviam debates sobre a natureza do golpe e o novo período político e sobre as formas de luta e seus objetivos, com forte influência da Revolução Cubana.

Na primeira etapa, sem movimento social organizado, diante da brutalidade da repressão militar, a reorganização do movimento popular progressista se concentrou em núcleos guerrilheiros. Eles conseguiram, valendo-se do fator surpresa, assestar bons golpes na ditadura – entre sequestros e troca de prisioneiros, desvios de aviões e outras ações armadas. Passado o efeito surpresa, com o movimento de massas desorganizado, sofrendo os duros golpes da repressão e das políticas econômicas da ditadura, o movimento guerrilheiro acabou cercado e derrotado. Concluía-se a primeira fase da luta de resistência à ditadura.

Apoiada na repressão política e econômica, na abertura da economia e na atração de capitais estrangeiros, a ditadura lograva retomar a expansão econômica, embora com forte contenção do consumo popular, concentrando a realização no consumo das elites e na exportação.

A segunda fase da luta de resistência abriu espaço para a oposição legal. O movimento de massas encontrou um novo caminho a partir da resistência do sindicalismo metalúrgico da região do ABC paulista, que, através da mobilização de milhares de trabalhadores, conseguiu quebrar a política de arrocho salarial da ditadura, vigente durante quase uma década e meia. Esse consistente movimento de trabalhadores suscitou ampla solidariedade e projetou novas lideranças populares – Lula foi um dos líderes mais expressivos. Novos movimentos surgiram: de mulheres, negros, indígenas, de luta contra a carestia e das Comunidades Eclesiais de Base, entre outros, configurando a nova fisionomia do movimento social brasileiro.

Emergiam assim duas vertentes de oposição à ditadura e de luta contra a ditadura. Uma apresentava caráter legal, institucional, era hegemonizada por uma concepção democrático-liberal de restauração dos marcos políticos do regime democrático, com um projeto de reformas econômicas estruturais, e era centrada no Movimento Democrático Brasileiro (MDB), que, depois, viria a constituir o partido político de mesmo nome (PMDB). A outra tinha um projeto de construção de uma democracia com caráter social, fundado nos novos movimentos sociais, liderados pelo sindicalismo de base.

A primeira foi claramente hegemônica: durante muito tempo, abrigou quase todas as correntes opositoras. Os novos movimentos sociais foram os grandes protagonistas da luta de massas, o que conferiu a eles uma característica popular de resistência à ditadura, enquanto a corrente legal, parlamentar, assumia um caráter democrático.

A luta contra a ditadura desembocou na luta pela anistia ampla, geral e irrestrita e, posteriormente, pela eleição direta para presidente. A hegemonia do setor democrático-liberal foi-se consolidando ao longo da década de 1970, à medida que o fim da ditadura foi se configurando como um processo político institucional, de caráter eleitoral. As duas campanhas uniram forças sociais e políticas, permitindo a constituição de uma ampla força democrática que ensejou o período da transição. A hegemonia era, no entanto, do bloco democrático-liberal.

O tom diferenciado do movimento popular era sua ênfase nas reivindicações sociais, não só nas transformações políticas, com o fim da ditadura. Dessa forma, as duas correntes se fortaleciam sob o influxo da luta antiditatorial – uma dando prioridade à esfera política, a outra enfatizando a esfera social.

Foi um período de fortalecimento do movimento social e do campo popular, em que houve a fundação da Central Única dos Trabalhadores (CUT), do Partido dos Trabalhadores (PT), do Movimento dos Trabalhadores Rurais Sem Terra (MST), além da mobilização popular que precedeu a Assembleia Constituinte – uma expressão da força então adquirida pelo movimento democrático. A campanha pelas eleições diretas, as mobilizações sindicais e dos trabalhadores sem terra revelavam como a luta de resistência à ditadura mantinha a iniciativa com grande respaldo popular.

As mobilizações populares no Brasil em torno das eleições diretas para presidente da República trouxeram uma força surpreendente. A derrota do projeto almejado, porém, abriu caminho para um novo pacto da elite, em que tanto setores da oposição quanto outros originários da ditadura se uniram para escolher, em 1985, o mineiro Tancredo Neves como seu candidato, considerado mais moderado que Ulysses Guimarães – na ocasião o líder da oposição democrática. Tancredo Neves foi apoiado por José Sarney, que, até pouco tempo antes, presidia o partido da ditadura, a Aliança Renovadora Nacional (Arena). Configurou-se desse modo a natureza da democracia nascente: um híbrido entre o novo e o velho.

O governo Sarney (1985-1990) foi marcado pelas condições do seu surgimento, limitou a transição à democracia: a uma transformação apenas na esfera político-institucional. Assim, a democratização não assumiu caráter econômico, social e cultural.

O período terminou desembocando na primeira eleição direta para presidente da República. Nessa ocasião, durante o governo Sarney, a polarização ditadura-democracia foi superada, o que permitiu ao candidato da direita, Fernando Collor de Melo, inserir na agenda a desqualificação do Estado e da regulação econômica. Era a primeira versão do projeto neoliberal no Brasil. O desempenho de Lula, nas eleições de 1989, fez o campo popular acreditar que suas bandeiras essenciais – ética na política e justiça social – constituiriam as propostas fundamentais da plataforma da esquerda. Mas o tema da crise fiscal do Estado e da luta contra a inflação começou a projetar-se, tomando a esquerda de surpresa.

A campanha pelo *impeachment* de Collor, em 1992, confirmou a vigência do tema da ética na política. A campanha eleitoral de 1994 trouxe as Caravanas da Cidadania de Lula e a centralidade no tema da justiça social, e a escolha de José Paulo Bisol para vice-presidente na chapa então formada complementou os dois eixos da plataforma opositora.

A esquerda foi pega de surpresa porque – como o entorno latino-americano demonstrara – a hegemonia neoliberal crescia de forma avassaladora na região. Depois de começar a campanha como favorito, o candidato Lula foi atropelado, em 1994, pelo Plano Real e pela candidatura de FHC. O candidato tucano conseguiu impor como tema central a luta contra a inflação (vista como imposto aos pobres e desorganizadora da economia), retomou os temas de Collor de forma mais coerente e articulada, para triunfar e fechar o período de transição democrática, no qual a hegemonia neoliberal saiu vitoriosa.

Neoliberalismo: a defensiva do campo popular

A hegemonia do modelo neoliberal consolidou o acúmulo de fatores regressivos em escala mundial. Foram representados, em particular, pela passagem de um mundo bipolar a um unipolar, sob a hegemonia imperial norte-americana, e pela transição de um ciclo longo expansivo em escala mundial para um ciclo longo recessivo no Brasil e em outros países que passaram por ditadura militar. A hegemonia global do modelo neoliberal consolidou essa relação de elementos desfavoráveis às forças democráticas e populares.

No Brasil, o modelo neoliberal demorou para chegar, porque o forte impulso democratizador não apenas favoreceu o fortalecimento do campo popular e de suas organizações como desembocou no preparo da nova Constituição Federal, promulgada em 1988. Ulysses Guimarães, presidente da Assembleia Nacional Constituinte (1987-1988), ressaltou que a Carta era uma "Constituição cidadã", um documento de afirmação de direitos expropriados pela ditadura e da instituição de outros novos. Logo uma proposta que a incluía na contramão do neoliberalismo, por si mesmo a expressão de uma brutal máquina de expropriação de direitos.

Conforme apontado anteriormente, o governo José Sarney limitou a redemocratização ao plano político-jurídico. Faltou estendê-la aos campos econômico, social e dos meios de comunicação. Seu governo esgotou o impulso democratizante de tal modo que permitiu a Collor – um político vinculado originalmente à ditadura – impor outra polarização, que não aquela entre democracia e ditadura: a do mercado *versus* Estado. Esta tornou-se tema central e assim começou a ser construída a hegemonia neoliberal no Brasil, quando ela já se impunha abertamente no México, na Argentina e no Chile, revelando a força de uma onda destruidora. A queda de Collor interrompeu a primeira tentativa de imposição do modelo neoliberal. No entanto, o novo consenso estava instalado, criminalizando o Estado e suas formas de regulação. A nomeação de Fernando Henrique Cardoso como ministro da Economia do governo de Itamar Franco e sua posterior eleição como presidente, permitiram consolidar esse consenso, mediante o Plano Real. Seu objetivo era, como citado anteriormente, "virar a página do getulismo" – nas palavras do presidente tucano – e instaurar a era neoliberal no Brasil.

A esquerda ficou presa à sua plataforma tradicional – políticas sociais e ética na política –, sem atacar os temas da crise de um Estado historicamente esgotado e sem propostas para um novo modelo econômico. A direita ofereceu a sua solução à crise, tornando o Estado alvo das transformações, por meio da desregulamentação da economia: privatizações, abertura econômica, precarização das relações de trabalho, enfraquecimento do Estado, e substituição do tema do desenvolvimento pelo da estabilidade monetária, entre outros.

Os movimentos populares passaram diretamente à defensiva, vítimas privilegiadas das novas políticas, mediante o enfraquecimento das políticas sociais, a cassação de direitos sociais, a elevação contínua do desemprego e do subemprego e o ataque aos movimentos sociais e a toda forma de oposição. À esquerda se impôs o dilema de defender um Estado falido ou somar-se às políticas de mercado. Uma situação claramente deslocada, com perda de iniciativa, centrada na resistência a um projeto que se apresentava como modernizador e ofensivo contra privilégios. A esquerda ficou relegada a defender um modelo esgotado, a resistir às modernizações sem dispor de projetos alternativos.

Foi outra virada de proporções históricas, de certa forma tão regressiva quanto o golpe militar. Com isso, houve dois períodos de recuo quase seguidos em poucas décadas. A isso se devem somar as transformações, na mesma direção, no cenário internacional e continental, para finalizar num quadro bastante negativo para o campo popular.

Ao mesmo tempo, a postura defensiva significou assumir uma situação de confessa inferioridade, enfrentar a agenda do campo inimigo, a perda de iniciativa e a urgência de construir uma agenda própria. No Brasil, a resistência popular teve um papel essencial, ao colocar limites à plena realização dos projetos neoliberais. Primeiro, derrubando Collor, atrasando os programas neoliberais e, no governo FHC, impondo limites aos processos de privatização. O atraso no processo neoliberal brasileiro também contribuiu para torná-lo tardio – FHC triunfa no mesmo ano da primeira grande crise neoliberal no continente, a mexicana – e incompleto.

Depois de amplo apoio nacional, ao caracterizar a inflação como "um imposto aos pobres" e o Estado como problema, não como solução, o governo FHC foi perdendo apoio até não se recuperar da crise de 1999, da qual a própria economia não se recompôs até o final do seu governo. Os dois mandatos de FHC terminaram em derrota eleitoral. Contudo conseguiu mudar a agenda nacional, incorporando temas como a estabilidade monetária na agenda consensual, além de contribuir para acentuar os elementos pertinentes ao novo modelo: o modo de vida norte-americano, com seu centro no consumo, o individualismo possessivo correspondente, a desqualificação da organização social e política, dos partidos e da esfera estatal. Ao final da década neoliberal, o Brasil era outro.

O GOVERNO LULA OU A QUEBRA DO CONSENSO NEOLIBERAL

A eleição de Lula em 2002 foi produto do fracasso do governo FHC e da consequente rejeição a ele, da resistência dos movimentos populares e da sua capacidade política de capitalizar esses fatores e finalmente ser eleito presidente. Isso não ocorreu no auge de um grande ciclo de mobilizações populares. Os movimentos populares, duramente golpeados pelas políticas neoliberais – sobretudo o desemprego e a precarização laboral –, pelos ataques ideológicos, políticos e repressivos contra as mobilizações de massa e as suas organizações e pelas viradas ideológicas na sociedade brasileira, haviam passado a uma situação de relativo refluxo.

Apesar disso, Lula não havia se transformado em favorito para ganhar as eleições, sendo superado, sucessivamente, por Roseana Sarney e por Ciro Gomes até que a crise da candidatura destes deixou em aberto a herança de votos, disputada entre Lula e Serra. Foi o momento em que a "Carta aos Brasileiros" – tentativa de debelar o ataque contra o Brasil, feito pelos capitais especulativos – e o "Lulinha paz e amor" conseguiram fazer Lula ultrapassar o patamar histórico de votos do PT – pouco mais de 30% – para atingir a cifra que lhe permitiu vencer.

Foi, sem dúvida, uma vitória com base na rejeição do governo FHC. Entretanto, o governo Lula recebeu como herança não apenas a dura situação econômica mas também consensos nacionais forjados por anos de neoliberalismo. Sua incorporação, com a "Carta aos Brasileiros", foi herança desse consenso.

O governo Lula manteve alguns elementos das políticas do governo anterior e rejeitou outros, configurando um quadro contraditório. Na sua primeira fase, primaram os elementos de continuidade, mantendo-se um rígido ajuste fiscal, que possibilitou os superávits primários e a independência de fato do Banco Central. O governo assumiu formas contraditórias. Adotou políticas sociais e política externa claramente inovadoras e, ao mesmo tempo, manteve tanto a política econômico-financeira como a política agrícola tradicional.

O campo popular elegeu um governo diretamente vinculado a ele, porém refletindo suas contradições e a do período político no qual se vivia. Dois momentos foram traumáticos para as relações do governo com sua base popular de apoio. O primeiro deles ocorreu quando houve a reforma da Previdência, praticamente a primeira iniciativa política do governo que se chocou diretamente com as posições do movimento social organizado. Isso se deu no marco do ajuste fiscal, na primeira fase do governo, em que os contingenciamentos de recursos freavam a realização das políticas sociais em favor da estabilidade monetária, refletida nos superávits primários.

O segundo momento foi a crise de 2005, em que, sob acusações de uso de recursos para a compra do apoio de aliados, o governo chegou ao risco de sofrer *impeachment* e assim terminar precocemente a primeira experiência de governo popular em mais de quatro décadas. Isso sem ter sequer saído do modelo econômico herdado.

O governo foi resgatado pelas políticas sociais e pelo apoio popular. Isso lhe permitiu não apenas superar a crise mas também conquistar a reeleição em 2006 com apoio superior a 80% e rejeição de 5% – FHC tinha 18% de apoio –, apesar de praticamente toda a imprensa feroz combater sistematicamente sua reeleição.

O governo Lula representava uma nova expressão do campo popular, que teve nos governos de Getúlio Vargas e de João Goulart seus antecedentes mais próximos. Governos de coalizão de classes, pluriclassistas, que assumiram projetos de unidade e desenvolvimento nacional, com intenso enfoque nas políticas sociais. Cruzado por uma série de contradições, agora produto direto da era da globalização neoliberal, o governo Lula enfrentou tantas dificuldades quanto aqueles governos anteriores. O povo brasileiro mudou, o campo popular também, e o próprio Brasil é outro. Mas há uma linha de continuidade que permite dizer: a luta de hoje é, essencialmente, a mesma iniciada há oito décadas, quando o Brasil contemporâneo começou a ser construído.

A construção de um projeto de nação e de sociedade é um processo em curso, entrecortado por longos períodos de desarticulação do Estado, de fortalecimento dos interesses externos na nossa economia, de predomínio dos interesses privados no interior do Estado, de importação de formas de vida alheias e de estilos oligárquicos e ditatoriais de forjar a opinião pública.

Pode-se dizer que as forças que levaram Getúlio Vargas ao suicídio, que golpearam o governo Jango e, hoje, se opõem ao de Lula são as mesmas forças de direita, aquelas hegemônicas durante a ditadura militar e promotoras do neoliberalismo no Brasil. Sobrevivem porque são os mesmos que ganham com a hegemonia do capital financeiro, com o agronegócio, com a mídia oligárquica.

Também podemos afirmar que o povo trabalhador é o mesmo. Os negros escravos formaram a primeira geração dos trabalhadores brasileiros. A segunda foi constituída por imigrantes europeus, pobres, lutadores sociais. A terceira, por nordestinos que migraram para as cidades do Sul e Sudeste, expulsos pela violenta e cruel estrutura agrária brasileira, beneficiária da ausência de reforma agrária.

Hoje, em resumo, o futuro do povo brasileiro e do Brasil está em uma encruzilhada, que dependerá de duas condições: se o governo Lula será um parêntese na dominação das elites tradicionais – as mesmas que fizeram com que o Brasil configurasse na lista dos países mais injustos e desiguais do mundo – ou uma ponte que abrirá caminho para a saída do modelo neoliberal. Se vencedora a última possibilidade, teremos o início da real construção de um país democrático econômica, social, política e culturalmente. Enfim, um país para todos – na continuidade da luta que terá nos conduzido de Getúlio a Lula.

O Brasil mudou e mudou para melhor. Nem por isso o governo Lula conseguiu resolver todos os principais problemas herdados. Não se furtou, todavia, em lançar os problemas fundamentais a serem resolvidos: a hegemonia do capital financeiro, o modelo agrícola e a ditadura da mídia privada. Nas eleições de 2010, será decidido não apenas o nosso futuro imediato mas a fisionomia que terá a sociedade brasileira em toda a primeira metade do século XXI. Cabe ressaltar novamente as duas opções: o retorno das elites tradicionais, responsáveis por terem feito do Brasil "um dos países com mais desigualdade e injustiça do mundo", ou o aprofundamento das transformações que levem à construção de um Brasil para todos – democrático, diverso, solidário e soberano.

JORGE MATTOSO[1]

O BRASIL HERDADO

OLHAR PARA TRÁS
Andar para a frente olhando para o futuro é a melhor alternativa que pode ter um indivíduo, uma coletividade ou uma nação. Sobretudo, quando é possível avistar o futuro.

No entanto, para andar com confiança e ver com clareza o futuro, precisamos saber onde estamos e olhar para trás, para o nosso passado. Só assim vamos saber de onde viemos e como acertar as contas com a nossa herança.

De onde viemos? Vamos partir desse ponto. O Brasil vive hoje, na segunda década que se inicia neste século XXI, uma situação completamente diferente da que vivia em décadas anteriores. Diferente e bem mais alentadora. Na verdade, podemos finalmente olhar para a frente. Não é preciso ter medo de ser feliz.

Desde o início do governo Lula, o país buscou sair do imbróglio no qual se encontrava havia décadas: crescimento econômico insuficiente, baixas taxas de investimento, expansão do desemprego, precarização do trabalho, miséria endêmica e a preservação de nossa reconhecida desigualdade. O país buscou sair daquela difícil situação, amargada por duas décadas, e finalmente conseguiu. E

---

[1] Jorge Mattoso, professor-doutor e pesquisador do Instituto de Economia da Universidade Estadual de Campinas (Unicamp), foi secretário municipal de Relações Internacionais de São Paulo (2000-2002), e de Finanças de São Bernardo do Campo (2009) e presidente da Caixa Econômica Federal (2003-2006).

não somente rompeu com aquele quadro terrível como, pela primeira vez em nossa história, passou por um período de crescimento econômico sustentado em meio à redução das desigualdades e da incorporação de milhões de brasileiros o consumo e à cidadania.

No processo de reconstruir a nação, fomos surpreendidos, porém, por uma significativa crise internacional. Alguns temiam que ela pudesse abortar o novo movimento de expansão econômica e valorização no mercado interno. Não que tal receio fosse desprovido de sentido, pois, afinal, nas décadas anteriores, o Brasil enfrentara uma série de crises, cujos efeitos resultaram no aprofundamento das dificuldades em que vivíamos.

Desta vez, foi outra história.

Por um lado, a crise internacional foi muito mais violenta, um verdadeiro *crash*. Entre 2007 e 2009, o mundo passou pela maior crise econômica internacional desde a crise dos anos 1920 e 1930 no século passado ou – como prefere o Fundo Monetário Internacional (FMI) – a maior recessão desde a Segunda Guerra Mundial.

Iniciada no centro do sistema econômico mundial, por ocasião da explosão da bolha imobiliária norte-americana em meio a mercados financeiros desregulados, a crise rapidamente alcançou os bancos, gerando uma ameaça de *default* do crédito e de risco sistêmico. Em pouco tempo, dos Estados Unidos ela se espraiou para outros países centrais e depois para o resto do mundo, afetando a produção e o comércio internacionais.

Nosso país – finalmente em um período de crescimento econômico sustentado em meio à redução das desigualdades – soube, no entanto, combater a crise de 2008 de maneira diferente do "enfrentamento" das crises do passado recente, tanto pela tempestividade da ação governamental, quanto pelo uso e pela qualidade das políticas anticíclicas adotadas.

Dessa forma, o Brasil pôde demonstrar extraordinária resiliência à presente crise, bem maior do que nas anteriores, ainda que aquelas tenham sido menores e mais limitadas. Assim, nosso país foi um dos últimos a entrar em recessão e um dos primeiros a sair dela, retomando – poucos meses depois de sentir seus primeiros efeitos – a tendência ao crescimento sustentado, construída no governo Lula.

E sem romper com o processo de redução da desigualdade...

A HERANÇA DA DÉCADA DE 1990

Na década de 1980 e na de 1990, a situação foi bem outra. Não por acaso, elas foram chamadas de décadas perdidas.

Com o crescimento das lutas pela democratização e o fim da ditadura militar que assolou o país desde 1964, criou-se uma grande expectativa social e popular. No entanto, nos anos 1980, a recente e embrionária democracia brasileira enfrentava um triste legado: o fim do padrão de financiamento externo, a crise da dívida externa, a inflação crescente, a paralisia econômica e a permanência no poder dos mesmos de sempre.

Podemos dizer que, *lato sensu,* a década de 1990 se iniciou em 1989, com o chamado *Consenso de Washington* e a derrota da primeira candidatura Lula, assumindo Fernando Collor a Presidência da República. Sua consolidação deu-se com o Plano Real ainda no governo Itamar Franco e com as eleições de Fernando Henrique Cardoso, em 1994 e 1998. E terminou com a eleição de Lula, em 2002.

O CONSENSO DE WASHINGTON

Em 1989, em meio à queda do socialismo soviético e ao ápice do *thatcherismo* e do *supply side economics,* o *Institute for International Economics* (IIE), uma entidade privada, organizou um encontro, aparentemente anódino e acadêmico[2]. Seu objetivo era avaliar as políticas neoliberais recentemente iniciadas na América Latina. Dele participaram diversos economistas latino-americanos de perfil liberal, funcionários do Fundo Monetário Internacional (FMI), do Banco Mundial e do Banco Interamericano de Desenvolvimento (BID) e do Departamento do Tesouro do governo norte-americano.

---

2 Realizado no final de 1989 em Washington, Estados Unidos, o seminário foi chamado de *Latin Americ Adjustment: How Much Has Happened?*

Os resultados do encontro foram alinhavados por John Williamson, diretor do IIE e ex-funcionário do FMI e do Banco Mundial, que também cunhou a expressão Consenso de Washington. Suas propostas corresponderam a um conjunto de políticas de desregulação dos mercados, de abertura comercial e financeira e de redução do tamanho e do papel do Estado. O *Consenso de Washington* ignorou as questões sociais e os problemas históricos da América Latina, tais como a distribuição de renda e a pobreza. Mas não por esquecimento, pois segundo eles, a distribuição de renda e a eliminação da pobreza deveriam emergir como passe de mágica, exclusivamente como resultado tanto do jogo das forças da oferta e da procura em um mercado autorregulável, quanto da soberania absoluta de mercados desregulados.

Se esse conjunto de dez políticas[3] não tivesse se tornado o receituário proposto e monitorado (ou imposto) por agências internacionais por ocasião da concessão de crédito, talvez não passasse de mais uma proposta acadêmica em meio à dominância e euforia da orientação neoliberal. No entanto, tornou-se algo mais, quando os países que necessitavam dos empréstimos do FMI passaram a ser obrigados a adequar suas economias às novas regras estabelecidas no *Consenso de Washington,* bem como se deixar monitorar pela instituição que concedia o financiamento[4].

A América Latina, sem ter desenvolvido anteriormente um estado de bem-estar social e fazendo um esforço hercúleo para reencontrar-se com a democracia, adotou diferentes abordagens diante do *Consenso de Washington.* Desde os anos 1970, o Chile já havia sido palco das experiências radicais de Milton Friedman e de seus *Chicago Boys,* mas foram o México e a

---

[3] Limitação dos gastos do Estado à arrecadação, eliminando o déficit público; redução dos gastos públicos e sua focalização; reforma tributária que ampliasse o peso dos impostos indiretos e diminuísse a progressividade nos impostos diretos; liberalização/desregulação financeira e retirada do Estado do setor; taxa competitiva de câmbio; liberalização do comércio exterior para impulsionar a globalização da economia; eliminação de restrições ao capital externo; privatização, com a venda de empresas estatais; desregulação do processo econômico e das relações trabalhistas; defesa da propriedade intelectual.

[4] In Lopreato, L. F. C.; *Novos tempos*; Texto para Discussão, Instituto de Economia/Unicamp, Campinas, n° 113, out. 2003.

Argentina os países a se tornarem "as meninas dos olhos" do neoliberalismo e das instituições financeiras internacionais. E, infelizmente, sabe-se que ambos desabaram fragorosamente, o primeiro em 1994, e o segundo em 2002.

Praticamente, todos os países latino-americanos que, de uma forma ou de outra, se dobraram aos ditames do *Consenso de Washington* apresentaram crescimento medíocre e elevação do desemprego e da miséria. Este foi o caso brasileiro nos anos 1990.

A SEGUNDA DÉCADA PERDIDA

No Brasil, a década de 1990 demonstrou não somente uma sociedade combativa e com crescente compromisso democrático, mas também a presença de governos cada vez mais dispostos a se submeter aos ditames externos e a gerir o país para apenas um terço da nação.

Em comparação a outros países da América Latina, a subordinação ao ajuste de inspiração neoliberal chegou mais tarde ao Brasil. A resistência popular e as reticências do empresariado nos anos 1980 contribuíram para esse atraso, que paulatinamente foi revertido na década de 1990.

Tal situação foi iniciada com o governo Collor e o fracasso de seu plano de estabilização em 1990. O bloqueio da liquidez da maior parte dos haveres financeiros, previsto e executado pelo Plano Collor, parecia ter conseguido derrubar a inflação elevada e em aceleração (na faixa de 70% ao mês em janeiro e fevereiro).

No entanto, o crescente risco de paralisação do sistema de pagamentos e de crise bancária rompeu com o bloqueio e ampliou o ritmo de expansão da liquidez, colocando em xeque o próprio Plano Collor, que visava combater a inflação impedindo a monetização rápida e desordenada da economia. No final de 1990, a inflação havia retomado sua dinâmica ascendente e voltado a quase 20% ao mês.

O fracasso do Plano Collor, com a retomada do processo inflacionário e o crescente isolamento de seu governo (cada vez mais questionado pela sociedade), favoreceu o fortalecimento das políticas de desregulação dos mercados, a abertura comercial e financeira e a redução do tamanho e do papel do Estado. A acentuada retração da atividade econômica, ocorrida em 1990 (-4,3%), e a estagnação nos dois anos seguintes favoreceram a ampliação do desemprego, a elevação da pobreza e da desigualdade.

No governo Itamar Franco[5], foi arquitetado e posto em prática um novo plano de estabilização – desta vez, com âncora cambial –, considerando-se a continuidade e a aceleração da inflação e o fracasso das numerosas experiências de pacotes anti-inflacionários dos anos 1980 e dos primeiros da década de 1990.

O sucesso do Plano Real no combate à inflação foi capaz de alavancar a candidatura de Fernando Henrique Cardoso e sua vitória nas eleições presidenciais de 1994, assim como gerar a expectativa de que o Brasil poderia sair do buraco a que havia chegado nos anos recentes.

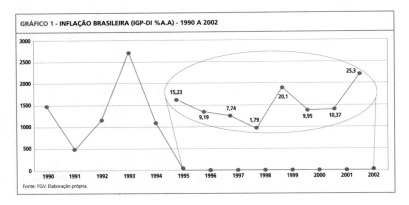

Apesar dos efeitos positivos que o controle inflacionário trouxe para uma sociedade extenuada com a contínua e explosiva elevação dos preços, a crescente subordinação ao conjunto de políticas do *Consenso de Washington* frustrou quaisquer expectativas de mudança do padrão de crescimento e distribuição de renda.

---

5 Vice de Fernando Collor de Melo, que, após seu *impeachment*, assumiu a Presidência da República por dois anos.

O governo Fernando Henrique Cardoso (FHC) vai apostar suas fichas na modernidade supostamente virtuosa da desregulação e da globalização financeira internacional, que para ele geraria uma nova dinâmica na economia internacional. Isso porque favoreceria a possibilidade de um *renascimento*[6], uma nova era de avanços da razão e da técnica, sem ganhadores nem perdedores, por si mesma benéfica ao país.

Por um lado, acreditaram que, para serem *absolutamente modernos*, bastava integrar o país rapidamente a essa economia internacional globalizada. Para tanto, consolidaram a abertura comercial e financeira indiscriminada iniciada por Collor e dispensaram a constituição de um projeto de desenvolvimento ou de políticas setoriais de defesa da produção e do emprego nacionais. E, por serem *absolutamente modernos*[7], caracterizaram quaisquer políticas de defesa da produção e do emprego nacionais como corporativas, jurássicas ou inflacionistas.

Por outro lado, valendo-se da mesma postura, acreditaram que para integrarem a economia e a sociedade brasileira ao Primeiro Mundo, necessitavam ancorar a moeda nacional no dólar e o financiamento do investimento nos mercados financeiros, crescentemente alavancados e voláteis. Para tanto, basearam a estabilização monetária na sobrevalorização da moeda nacional e nos elevados juros.

E, dadas as precárias condições da economia nacional – sua instabilidade e vulnerabilidade externa –, as sucessivas crises como que "auxiliavam" na maior pressão pela subordinação do governo aos organismos de financiamento internacionais, já que, em muitas delas, o Brasil terminava solicitando novos créditos ao FMI e passando a ser monitorado por ele[8].

---

6 De acordo com a afirmação do presidente Fernando Henrique Cardoso, em 1996.
7 Dizia Milan Kundera, citando Rimbaud: "Ser absolutamente moderno é ser aliado de seus próprios coveiros".
8 Assim ocorreu em 1994, por ocasião da assinatura do Plano Brady pelo então ministro da Fazenda, Fernando Henrique Cardoso. Em 1998, vulnerável e contaminado pelas crises da Ásia e da Rússia, o Brasil passou por mais uma crise nas contas externas e recorreu novamente ao FMI, recebendo um aporte de US$ 41,5 bilhões, que envolvia também o Banco Mundial, o BID e o Banco de Compensações Internacionais (BIS). Em 2001 e 2002, movido pela crise argentina e por nossa própria fragilidade, o governo federal solicitou mais US$ 15 bilhões e US$ 30 bilhões, respectivamente.

O breve ciclo de expansão do real resultou em elevados estoques de dívidas interna e externa, e sua rolagem trouxe acentuado desmonte do Estado e das políticas públicas (submetidas a sucessivos ajustes fiscais), bem como a deterioração da situação financeira de parcela expressiva das empresas nacionais.

O crescimento econômico manteve-se no ritmo *stop and go* ou em forma de *voo de galinha*. Quando crescia, pouco depois caía, pois não havia sustentação da atividade econômica mediante ampliação do investimento e da capacidade instalada.

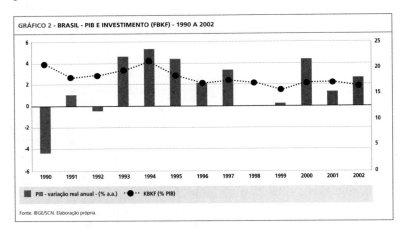

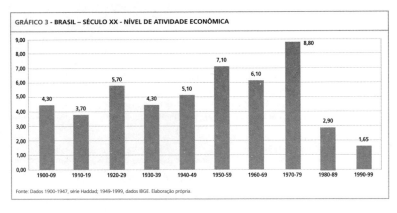

A manutenção do câmbio supervalorizado graças às taxas de juros "escorchantes" – como disse o próprio presidente Fernando Henrique Cardoso, em um acesso de franqueza –, em meio a uma versão tupiniquim do Estado mínimo e à contração das políticas públicas, favoreceu, na década de 1990, a ocorrência da menor taxa média de crescimento econômico do século XX (1,65% a.a.) e apenas 2,3% ao ano durante os oito anos de governo FHC[9] (Gráfico 3).

A tardia desvalorização do real, ocorrida em janeiro de 1999, trouxe um evidente alento aos setores exportadores e a muitos analistas. No entanto, seus efeitos foram bastante limitados, como podemos observar a seguir, no Gráfico 4.

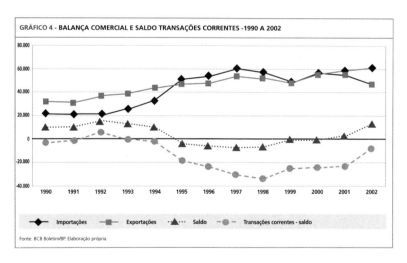

As desvalorizações cambiais de 1999 a 2002 não tiveram efeitos mais acentuados sobre o desempenho comercial brasileiro em grande parte porque as filiais estrangeiras – crescentemente importantes na estrutura produtiva nacional – tiveram seus fluxos comerciais influenciados tanto pela organização de

---
9 Não sem razão, nos anos 1980 e 1990 o Brasil perdeu posição no ranking dos países com maiores PIBs.

seus setores de atuação produtiva, em âmbito mundial, quanto pelas estratégias de desenvolvimento das matrizes[10].

A continuidade dos desequilíbrios das contas públicas e externas, da subordinação aos fluxos financeiros internacionais e da agenda liberal do Estado mínimo impediu a indispensável elevação do crédito, do investimento e do financiamento da infraestrutura.

Emprego, renda e desigualdade

A abertura comercial iniciada no começo dos anos 1990 e o regime de câmbio sobrevalorizado a partir de 1994 tiveram um efeito direto sobre o mercado de trabalho. Se a abertura comercial – desprovida de um projeto de desenvolvimento ou de políticas setoriais de defesa da produção – por si mesma induzia a maior concorrência e os ganhos acentuados de produtividade das empresas, a sobrevalorização do câmbio ampliava a exposição da economia às pressões da concorrência externa e aumentava sua vulnerabilidade.

Assim, ainda que o baixo crescimento econômico daquela década fosse determinante para explicar o mau desempenho do mercado de trabalho, devemos considerar que – dados os fatores anteriormente expostos –, mesmo quando a economia crescia, o emprego não mostrava maior dinamismo.

Mesmo com oscilações positivas em 1993-1995 e em 2000, a taxa de desemprego foi das mais elevadas, desde que foram criados os indicadores de desempenho do mercado de trabalho. Na Região Metropolitana de São Paulo, seu ápice se deu em 1999 e 2002, com nada menos do que 19,3% e 19,0% respectivamente, ou seja, nesses anos o desemprego chegou a alcançar cerca de um em cada cinco habitantes economicamente ativos em São Paulo, segundo a Pesquisa de Emprego e Desemprego (PED), realizada pela Fundação Sistema Estadual de Análise de Dados (Seade) e pelo Departamento Intersindical de Estatística e Estudos Socioeconômicos (Dieese).

---

10 In Sarti, F. e Laplane, M. "O investimento direto estrangeiro e a internacionalização da economia brasileira nos anos 90"; *In: Economia e Sociedade*, Campinas, v. 11, n. 1 (18), p. 63-94, jan./jun. 2002.

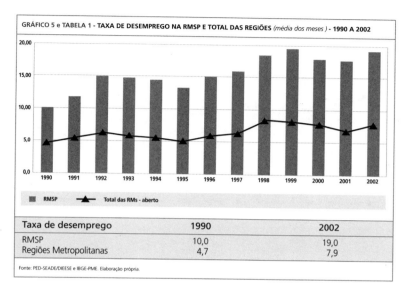

No entanto, além da expansão do desemprego, chama a atenção a queda do estoque de empregos formais da indústria e da construção civil, assim como a intensa deterioração das condições de trabalho.

Apesar do crescimento populacional e dos índices da População Economicamente Ativa (PEA) ocorridos na década de 1990, chegamos ao final de 2002 com praticamente a mesma quantidade de trabalhadores formais no Brasil. Em dezembro de 2002, a indústria havia sofrido uma perda de 12,5% dos postos de trabalho formais relativamente a doze anos antes, em dezembro de 1990. Na construção civil, a queda foi ainda mais violenta: em 2002, o número de trabalhadores formais nesse setor era de apenas 73% do existente em 1990 (*Gráfico 6*).

Em contrapartida, as condições de trabalho apresentam profunda deterioração, pois se tornaram crescentemente informais, precárias, com trabalho de curta duração, salários descontínuos e sem contribuir para a Previdência Social. Ao final da década de 1990, estavam na informalidade dois em cada cinco brasileiros ativos dos grandes centros urbanos (*Gráfico 7 e Tabela 2*).

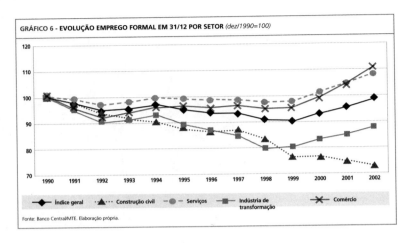

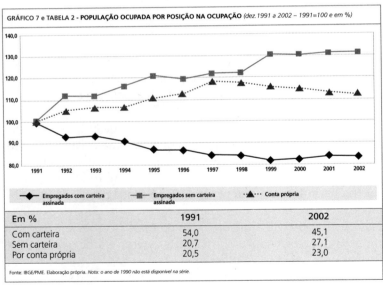

Em %	1991	2002
Com carteira	54,0	45,1
Sem carteira	20,7	27,1
Por conta própria	20,5	23,0

Fonte: IBGE/PME. Elaboração própria. Nota: o ano de 1990 não está disponível na série.

Durante os anos 1990, chegaram a ficar à margem de relações formais de trabalho ou desempregados mais de trinta milhões de brasileiros. Desse conjunto, grande parte poderia estar contribuindo para a Previdência Social e não estava. Logo o seu déficit crescia.

Mas, como o governo federal não favoreceu o crescimento econômico e a valorização da produção e do emprego nacionais – que poderiam reverter esse processo –, lançava-se em campanhas conservadoras sobre a questão do déficit da Previdência Social, não sem apoio de importantes setores da mídia, da academia e de organismos multilaterais.

Ao longo da década, foram patrocinadas várias iniciativas (até mesmo legislativas) para restringir ainda mais a proteção social pública. Ao mesmo tempo, empregou-se o espantalho do déficit para impedir o aumento significativo do salário mínimo, antiga demanda dos assalariados e ação indispensável ao enfrentamento da não menos histórica desigualdade.

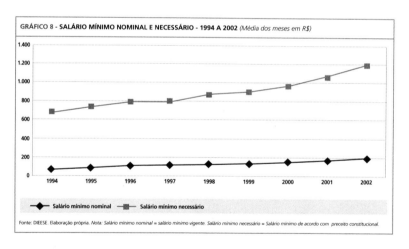

Em 2001 e 2002, pressionado pelos movimentos sociais e pela evidente elevação do desemprego e pela deterioração das condições sociais, o governo federal tentou criar novas políticas sociais, entre os quais, o programa Bolsa Escola.

No entanto, em meio aos sucessivos ajustes, sem crescimento sustentado e após vinte anos de marasmo econômico, tornou-se impossível enfrentar o grave desafio social por meio de medidas parciais, de políticas que não atingiam senão uma parte menor do conjunto da população em situação de pobreza e não resolviam as questões cruciais do país: a desigualdade e a concentração de renda. Apesar de uma oscilação positiva, em 2002 a desigualdade continuou bem mais elevada do que a verificada em 1992.

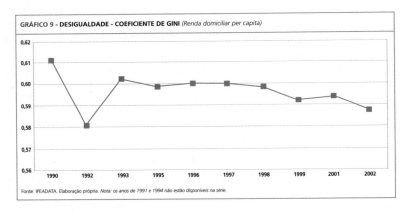

O Estado mínimo e as políticas públicas: a habitação

Desde o fim do Banco Nacional de Habitação[11], em 1986, a construção civil e o setor habitacional apresentaram estagnação e foi crescente o déficit de moradias.

Os primeiros anos após a extinção do BNH foram marcados pela instabilidade de políticas para a área urbana e habitacional e pela confusão institucional, com sucessivas mudanças nos órgãos responsáveis e por sua dispersão em várias instâncias do governo federal. Nesse período, também ocorreu o desmanche da área social do Sistema Financeiro de Habitação (SFH) e o enfraquecimento das Companhias de Habitação estaduais ou municipais (COHABs), principais responsáveis pelo atendimento à demanda do SFH, que, deixaram de receber recursos do governo central.

---

11 O Banco Nacional da Habitação (BNH), constituído em 1964, financiou em 22 anos quase 4,5 milhões de unidades habitacionais, em sua maioria destinadas a famílias com renda superior a 12 salários mínimos. Um conjunto de razões, em especial o forte processo inflacionário que marcou o início dos anos 1980, levou o Sistema Financeiro da Habitação (SFH/BNH) a um profundo desequilíbrio financeiro, que acabou por resultar em sua insustentabilidade e extinção.

O Fundo de Garantia de Tempo de Serviço (FGTS) – desde os anos 1960 a principal fonte de recursos para o financiamento da oferta de moradias – e o Sistema Brasileiro de Poupança e Empréstimos (SBPE) vinham sendo geridos de forma irregular, sem a instauração do Conselho Curador, conforme previsto em lei. Assim, por um lado, nem mesmo sua gestora, a Caixa Econômica Federal, tinha conhecimento em 1989 dos números relativos à arrecadação, às aplicações e à disponibilidade de recursos. Por outro, como o FGTS é sensível ao ciclo econômico e a mudanças estruturais na economia, a continuidade do baixo crescimento e da informalização do mercado de trabalho fazia sua arrecadação apresentar sucessivas quedas, de tal modo que se vislumbrava sua extinção ou sua utilização para outros fins (até mesmo aplicações na Bolsa de Valores)[12]. Esse processo irá acentuar-se ao longo dos anos 1990.

No governo Collor, em 1990, em caráter emergencial o Ministério da Ação Social lançou o Plano de Ação Imediata para a Habitação (PAIH), que se propôs a construir 245 mil casas em 180 dias por meio da contratação de empreiteiras privadas. Constituído sem planejamento, em pouco tempo o prazo multiplicou-se por três, a meta foi reduzida para 210 mil e, pior, não contou com a totalidade dos recursos necessários[13], de maneira que quase metade das unidades teve sua construção inacabada e muitas foram ocupadas ilegalmente.

Em 1995, o governo Fernando Henrique encontrou um quadro já bastante grave na habitação. O déficit de habitações estimado pela Fundação João Pinheiro para aquele ano foi de 5,6 milhões de unidades[14]. Adicionalmente, muitas outras unidades sofreriam de algum tipo de inadequação qualitativa (carência de infraestrutura, regularização fundiária, inexistência de unidade sanitária exclusiva).

---

12 Ver Carvalho, C.E. e Saboya Pinheiro, M.M. *FGTS: Avaliação das propostas de reforma e extinção*. Economia e Sociedade, n° 15, Campinas, Dez. 2000.

13 Em 1991, as liberações e os desembolsos superaram em mais de três vezes a arrecadação do FGTS. A necessidade de recomposição de recursos do Fundo levou, entre 1992 e 1994, ao bloqueio total de financiamento com recursos originários dessa fonte.

14 In: Fundação João Pinheiro, *O Déficit Habitacional no Brasil*, Belo Horizonte, maio de 1995.

Seguramente, a principal característica do déficit habitacional brasileiro tem sido a sua forte concentração nos estratos de mais baixa renda. Em 1995, 85% do déficit encontrava-se nos estratos com renda familiar de até cinco salários mínimos. Destes, 55% recebiam até dois salários mínimos. Sem poder aquisitivo para se inserir no mercado privado de habitações e sem políticas públicas para auxiliá-las no acesso à moradia, as famílias de baixa renda fizeram avançar a ocupação ilegal nas áreas metropolitanas, colocando em risco os recursos hídricos e ambientais.

Na origem dessa situação, há uma articulação de fatores: a intensa urbanização gerada pelo processo de industrialização, a crise econômica que se estendeu pelas décadas de 1980 e 1990, a ausência de regulação estatal sobre a propriedade de forma a garantir a sua função social e inibir a especulação, a fraca regulamentação e a baixa garantia institucional e legal ao desenvolvimento do negócio imobiliário; e, por fim, a ausência de mecanismos capazes de viabilizar o acesso à moradia àquela parcela da população excluída do mercado imobiliário privado.

No primeiro governo FHC, o tratamento dos problemas habitacionais parecia evoluir na direção apontada por longos anos de análise e de crítica aos parâmetros adotados pelo SFH. Foi constituída a Secretaria de Política Urbana (Sepurb), vinculada ao Ministério do Planejamento, que, em 1996, apresentou uma proposta de Política Nacional de Habitação, com o fim de criar uma nova política de caráter nacional, como ocorrera no tempo do BNH. Ela incorporava muito do que se discutia e se pleiteava em amplos fóruns de discussão entre representantes da academia, dos movimentos de moradia, dos empresários, do Executivo, do Parlamento, de organizações não governamentais (ONGs) e de entidades profissionais.

Entretanto a redução dos quadros técnicos e a perda de capacidade de formulação terminaram por prevalecer no plano federal. A transformação da Secretaria de Política Urbana (SEPURB) do Ministério do Planejamento em Secretaria Especial de Desenvolvimento Urbano (SEDU), vinculada à Presidência da República, não trouxe mudanças significativas nesse processo, persistindo a desarticulação institucional e a baixa capacidade de intervenção pública. As áreas da habitação e do desenvolvimento urbano permaneceram contando com poucos recursos financeiros.

Não menos importante: os poucos recursos investidos favoreceram a ampliação do déficit habitacional, que chegou a mais de 7 milhões ao final da década.

TABELA 3 - Déficit Habitacional *(unidades habitacionais)*

	1991	2000
Déficit habitacional	5.374.380	7.222.645

Fonte: Déficit Habitacional do Brasil, 2007, Fundação João Pinheiro, BH, 2009.
Nota: Estatística compatibilizada por metodologia desenvolvida recentemente pela FJP.

Ao cabo, os dois governos FHC – dada sua subordinação às políticas neoliberais – favoreceram o agravamento do quadro habitacional, pois se mobilizou pequeno volume de recursos para enfrentar déficit tão elevado (o qual continuou crescendo) e repetiu-se o padrão de financiamentos voltados especialmente às classes médias.

Entre 1992 e 1996, com a acentuada redução dos recursos do FGTS, a habitação teve como principal fonte de financiamento o Sistema Brasileiro de Poupança e Empréstimo (SBPE), que manteve ao longo da década o mesmo desempenho medíocre. O retorno dos recursos do FGTS a partir de 1997, embora tenha elevado o número de financiamentos, deu-se no marco de uma arrecadação em contração, em consequência do desemprego e da informalização.

Dessa forma, ao final dos anos 1990, a quantidade de unidades habitacionais financiadas anualmente foi bem inferior à obtida em seus primeiros anos. Eis os principais itens que resumem o quadro final dessa década: a redução do orçamento realizado diante do planejado para o setor habitacional; o uso reduzido de recursos não onerosos do Orçamento Geral da União (OGU) e, portanto, a incapacidade de enfrentar o déficit habitacional onde ele mais se concentrava; a insuficiência de avanços no marco regulatório para os negócios imobiliários.

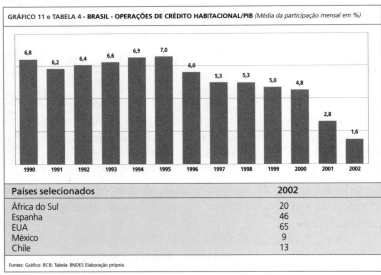

O conjunto das operações de crédito habitacionais (SBPE e FGTS) alcançou em 2002 a menor proporção relativamente ao PIB de todos os anos observados (1,6%), de 1990 a 2002. Assim, o patamar das operações de crédito vis-à-vis o PIB que já era comparativamente inferior só fez aumentar a distância em relação a outras economias latino-americanas (*Gráfico 11 e Tabela 4*).

O desprezo para com a constituição de um projeto de desenvolvimento nacional – em meio à crescente desqualificação das políticas públicas – fez com que, nos anos 1990, inexistisse uma política nacional de habitação, resultando em uma baixa produção de imóveis residenciais e no consequente agravamento do déficit habitacional.

As privatizações e os bancos públicos

O Plano Nacional de Desestatização (PND) foi criado pela Lei nº 8.031 de 1990. De 1991 a 2002, o PND privatizou 69 empresas e participações acionárias estatais federais nos seguintes setores: elétrico, petroquímico, de mineração, portuário, financeiro, de informática e de malhas ferroviárias. Muitos estados e municípios foram compelidos pelo governo federal, mediante condicionamentos financeiros, a privatizar seus ativos, quando então foram privatizados em São Paulo, por exemplo, a Ferrovia Paulista S/A (Fepasa) e o Banco do Estado de São Paulo (Banespa).

Os defensores da privatização (ou da "privataria", segundo o jornalista Elio Gaspari) diziam que o Estado estava inchado, sendo incapaz de administrar empresas, e que a venda das empresas públicas geraria recursos destinados à redução da dívida pública. No entanto, se até maio de 2000, o conjunto de privatizações – empresas constantes do PND, o setor de telecomunicações e empresas estatais dos Estados – gerou receita total de mais de 90 bilhões de dólares, incluindo débitos transferidos, a dívida líquida do setor público não parou de crescer até o final de 2002 (*Gráfico 12*).

Os sucessivos ajustes fiscais reduziram a capacidade de investimento do Estado e ampliaram a deterioração dos serviços públicos. Em muitos casos, essa deterioração dos serviços públicos era utilizada como "demonstração" da necessidade de sua privatização, como parte de uma campanha de desmoralização das estatais e do Estado. Isso se verificou em praticamente todos os setores, sendo um dos casos mais graves o ocorrido na área de energia,

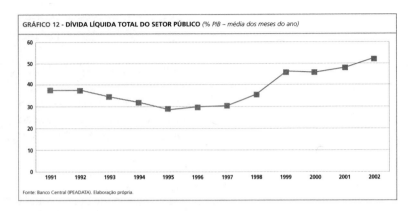

GRÁFICO 12 - DÍVIDA LÍQUIDA TOTAL DO SETOR PÚBLICO (% PIB – média dos meses do ano)

Fonte: Banco Central (IPEADATA). Elaboração própria.

quando houve o *apagão* de 2001. Em outros casos, a privatização era simplesmente recomendada como "medida de grande impacto visando ao restabelecimento da confiança no Brasil"[15].

Com relação aos bancos públicos, não foi diferente. Ao longo dos anos 1990 e no começo dos 2000, foi grande o descaso dos governos para com a disponibilização de crédito em condições de prazos, custos e quantidades adequadas ao efetivo aproveitamento das oportunidades de investimento. Não somente os juros eram muito elevados, quanto pouco se fazia para ampliar a concorrência bancária e considerar o papel dos bancos públicos. Tal descaso subverteu o potencial de crescimento econômico do país, restringiu a acumulação de capital físico e favoreceu o atraso da sua trajetória tecnológica.

Contudo, também debilitou os bancos públicos e ampliou a ameaça de sua privatização, favorecida pelo acordo assinado com o FMI em 1998 e pelo posicionamento de organismos multilaterais, como o Banco Mundial, que se encarregavam de apresentar essa lógica como absolutamente indispensável e a única possível[16].

---

15 Dessa forma, Paulo Leme, do banco de investimento Goldman Sachs, propunha a privatização da Petrobras, do Banco do Brasil e da Caixa Econômica Federal. In: *Folha de São Paulo*, 25 de janeiro de 1999.

16 Ainda em 2003, o Banco Mundial preparou o estudo *Uma visão do futuro do Brasil: Três metas*, coordenado por Vinod Thomas, então diretor do Banco Internacional para a Reconstrução e o Desenvolvimento (Bird) para o Brasil. O documento propunha a extinção da Caixa Econômica Federal, *diante de seu incerto futuro*, a redução nos financiamentos da casa própria e mudanças na administração dos recursos do FGTS.

GRÁFICO 13 - PARTICIPAÇÃO DAS OPERAÇÕES DE CRÉDITO NO PIB – 1990 A 2002 *(Em %)*

Fonte: BCB e IBGE/SCN. Elaboração própria.

No Brasil, no entanto, ao mesmo tempo em que se mantinha o projeto das privatizações dos bancos públicos federais, a sua efetivação foi sendo protelada.

Em parte, seguramente, pela resistência demonstrada pela sociedade brasileira. Em parte, porque as autoridades federais imaginavam (ou desejavam) que, com a abertura do mercado financeiro e de capitais, haveria uma corrida dos bancos estrangeiros ao país e maior ocupação do mercado nacional por esses bancos, que se tornariam, assim, os potenciais futuros compradores.

Mas não menos importante para a postergação da privatização dos bancos públicos federais foi a clara manipulação dos fundos de pensão, sobretudo os fundos do Banco do Brasil e da Caixa Econômica Federal (Previ e Funcef) pelo governo federal. Perante as dificuldades de encontrar compradores para algumas das empresas estatais, o governo definiu uma estratégia de manipulação desses fundos, para "azeitar" o processo de privatização das empresas públicas de mineração, telefonia, via férrea e energia, entre outras [17].

---

[17] A privatização dos bancos públicos ainda encontra defensores. Em maio de 2005, a Casa das Garças publicou o documento "Propostas de Política Econômica", de Pérsio Arida. Eliana Cardoso, ex-assessora do ex-ministro da Fazenda Pedro Malan, em entrevista à *Folha de São Paulo*, em 27/11/05 afirmou: "A privatização do Banco do Brasil e da Caixa Econômica Federal é medida indispensável à transparência dos orçamentos do governo e à estabilidade financeira, pois bancos estatais representam empecilho ao crescimento sustentado". Mais recentemente,...

No entanto, o processo de privatização andou, e bastante, junto aos bancos dos estados, que, apesar de controlados pelos governos estaduais, foram compelidos paulatinamente à sua privatização pelo governo federal. O primeiro movimento ocorreu a partir de 1994, quando o Banco Central aplicou o Regime de Administração Especial Temporária (RAET) e assumiu o controle de cinco bancos estaduais: Banco do Estado de São Paulo (Banespa), Banco do Estado do Rio de Janeiro (Banerj), Banco do Estado de Rondônia (Beron), Banco do Estado de Mato Grosso (Bemat) e Banco do Estado de Alagoas (Produban).

O segundo movimento aconteceu em agosto de 1996, quando o governo federal lançou o Programa de Incentivo à Redução do Setor Público Estadual na Atividade Bancária (Proes).

Embora a privatização não tenha sido efetivada em seu pretendido alcance, também os bancos públicos federais sofreram as consequências da onda neoliberal que atingiu a economia brasileira nos anos 1990. O Banco Meridional foi privatizado, o Banco da Amazônia foi sendo lentamente estrangulado e ao Banco do Nordeste do Brasil foi relegado o papel de agência de fomento da região Nordeste. Enquanto o Banco do Brasil e a Caixa Econômica Federal passaram por processos de reestruturação para a futura privatização, tratou-se de transformar o Banco Nacional de Desenvolvimento Econômico e Social (BNDES) de um banco de desenvolvimento em um banco de investimento e gestor de privatizações, que daria prioridade aos setores de serviços, comércio e àqueles voltados à exportação, em detrimento da indústria de transformação em geral.

Como resultado do conjunto de iniciativas de privatização (bancos públicos estaduais e federais), a participação pública nos totais de ativos, depósitos e operações de crédito do setor bancário

...com apoio da Associação Nacional dos Bancos de Investimento (Anbid), veja-se uma nova apologia da privatização dos bancos públicos em Castelar Pinheiro, A. e Oliveira Filho, L. C. (orgs.), *Mercado de Capitais e Bancos Públicos*, Contra Capa, RJ, 2007. Para uma crítica dessa agenda liberal ver Nogueira da Costa, F., "Agenda Neoliberal: privatizar bancos públicos", *Revista de Economia Mackenzie*, Universidade Presbiteriana Mackenzie, Volume 7, n. 2, p. 4-30.

foi violentamente reduzida. Em 1990, a participação dos bancos públicos no total das operações de crédito alcançava cerca de 66%. Em 2002, essa participação do setor financeiro público caiu a menos de 36% das operações de crédito.

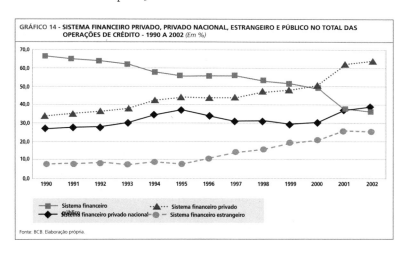

GRÁFICO 14 - SISTEMA FINANCEIRO PRIVADO, PRIVADO NACIONAL, ESTRANGEIRO E PÚBLICO NO TOTAL DAS OPERAÇÕES DE CRÉDITO - 1990 A 2002 (Em %)

Fonte: BCB. Elaboração própria.

O BNDES e a Caixa chegam a 2002 exangues e desmotivados. No caso da Caixa, formou-se uma "cultura de privatização", perceptível em diversas decisões tomadas, tais como a venda da Caixa Seguros e da Datamec (empresa que tratava da informática), a entrega dos serviços lotéricos a uma empresa privada, a crescente separação das atividades bancárias daquelas próprias às áreas de desenvolvimento urbano e de pagamento de benefícios sociais, a ampliação do número de empregados terceirizados e o desmantelamento da estrutura interna e da capacitação e treinamento dos empregados, bem como o afastamento de produtos e serviços rentáveis e competitivos, como o câmbio e o financiamento à exportação, e a redução de sua participação em um mercado crescentemente competitivo (com o descaso tanto na parte física – agências superlotadas, lotéricos desmotivados e escassos correspondentes bancários – quanto na de produtos e serviços, sem tecnologia e qualidade). O resultado não poderia ser outro:

a geração de um quadro funcional desmotivado e o crescente descrédito dos clientes na qualidade dos produtos, a carência de serviços e o futuro incerto da instituição.

Nessas circunstâncias, a Caixa vinha perdendo espaço no mercado bancário, em razão tanto da defasagem tecnológica diante de seus concorrentes quanto da baixa capacidade de lançar produtos e serviços atraentes à clientela. Com isso, teve sua imagem comprometida junto à população, que passou a vê-la como uma instituição financeira destinada apenas à realização de operações de financiamento habitacional e depósitos de poupança. Não sem razão, a instituição ocupou os primeiros lugares na lista de reclamações do Banco Central. Em contrapartida, em 2001, depois do ajuste patrimonial, ela concentrou seus recursos em operações de tesouraria direcionadas para o carregamento de títulos públicos, gerando daí quase todo o seu resultado líquido. O negócio de crédito comercial era visto como secundário – ou até mesmo desnecessário – nas operações da instituição[18].

A SOCIEDADE NÃO ACEITOU E QUIS OUTRO CAMINHO

Apesar da subordinação dos governos e das elites brasileiras aos preceitos neoliberais e de seus desastrosos resultados, a sociedade brasileira soube reagir nos anos 1990, como já havia feito na década anterior.

É verdade que, na década de 1990, o baixo crescimento e o desemprego tenderam a enfraquecer os movimentos sindicais urbanos. No entanto, a recente experiência democrática, a forte identidade nacional dos movimentos sociais e a resistência de alguns setores empresariais favoreceram a ocorrência de um novo entusiasmo no conjunto da sociedade brasileira.

Desta forma, nosso país demonstrou maior resistência que outros países latino-americanos tanto aos princípios gerais que nortearam as políticas macroeconômicas que levaram ao baixo

---

18 A Caixa irá romper com esse processo a partir de 2003. A esse respeito, ver Mattoso, J. e Vasconcelos, M. *Para Que Banco Público?*, Mendonça. A. R. R. e Andrade, R. P. (orgs.) *Regulação Bancária e Dinâmica Financeira*, Unicamp Campinas, 2006.

crescimento, à vulnerabilidade externa e à preservação da desigualdade quanto às constantes tentativas de destruição da Previdência Social, de privatização dos setores de energia (sobretudo em relação à Petrobras) e dos bancos públicos federais, de valorização do Estado mínimo e de desqualificação das políticas públicas.

As sucessivas candidaturas de Lula (1989, 1994 e 1998) mostraram essa resistência e, finalmente, em 2002, conformou-se a aliança que viabilizou sua eleição e abriu as portas para o início da superação dessa herança, para a recuperação da autoestima dos brasileiros e para a abertura dos horizontes e do futuro ao país.

Após transcorrida a maior parte dos mandatos do presidente Lula (2003-2006 e 2007-2010) e, depois de passados os efeitos da grave crise econômica recentemente ocorrida, podemos olhar para trás e constatar: o novo caminho de superação dessa herança não foi uma repetição dos "voos de galinha" nem uma tentativa frustrada por opções equivocadas. Como veremos em outros artigos deste livro, tratou-se dos primeiros passos de um distinto patamar e de outra forma de crescimento – agora finalmente sustentado no investimento público e privado e em meio à efetiva redução da desigualdade. Tudo isso faz parte de uma nova história e de um novo projeto nacional, construído por todos os brasileiros e brasileiras.

Este olhar para trás pretendeu mostrar não apenas algumas das características do Brasil legado pelo neoliberalismo mas também o ponto a partir do qual e as condições em que iniciamos o acerto de contas com nosso passado. Hoje, a nação brasileira pode olhar para a frente e avistar um futuro promissor.

NELSON BARBOSA[1] E
JOSÉ ANTONIO PEREIRA DE SOUZA[2]

A INFLEXÃO DO GOVERNO LULA: POLÍTICA ECONÔMICA, CRESCIMENTO E DISTRIBUIÇÃO DE RENDA

Durante o governo Lula, o Brasil iniciou uma nova fase de desenvolvimento econômico e social, em que se combinam crescimento econômico e redução nas desigualdades sociais. Sua característica principal é a retomada do papel do Estado no estímulo ao desenvolvimento e no planejamento de longo prazo. Nos últimos anos, o crescimento do produto interno bruto acelerou, o número de famílias abaixo da linha de pobreza decresceu e milhões de pessoas ingressaram na classe média, isto é, na economia formal e no mercado de consumo de massa. A aceleração do desenvolvimento econômico e social foi alcançada com manutenção da estabilidade macroeconômica, ou seja, com controle da inflação, redução do endividamento do setor público e diminuição da vulnerabilidade das contas externas do país diante de choques internacionais. O objetivo deste texto é apresentar um resumo da política econômica que possibilitou tal desempenho. Para facilitar a exposição, mencionaremos apenas alguns números da economia brasileira, deixando para o anexo estatístico uma apresentação mais detalhada da evolução anual das principais estatísticas econômicas do Brasil no período analisado.

---

1 Professor do Instituto de Economia da Universidade Federal do Rio de Janeiro (UFRJ), atual secretário de Política Econômica do Ministério da Fazenda.
2 Economista do Banco Nacional do Desenvolvimento Econômico e Social (BNDES), atual assessor da Secretaria de Política Econômica do Ministério da Fazenda.

Condições iniciais

O presidente Lula assumiu o governo federal com grande apoio da população, mas em uma situação de incerteza e desconfiança por parte dos grandes investidores financeiros. No início de 2003, a incerteza macroeconômica derivava principalmente do impacto da depreciação cambial ocorrida no ano anterior sobre a inflação e as finanças públicas do país. Mais especificamente, durante a campanha presidencial de 2002, o Brasil foi alvo de forte ataque especulativo na forma de redução nas linhas de financiamento externo para o país, aumento no prêmio de risco exigido por credores para adquirir títulos brasileiros e forte depreciação do real. Em números, o risco país aumentou de 963 pontos básicos (pb)[3], em dezembro de 2001, para 1.460 pb, em dezembro de 2002. No mesmo período, a taxa de câmbio real/dólar norte-americano subiu de 2,32 para 3,53, enquanto a entrada líquida de capital externo caiu de US$ 27 bilhões, em 2001, para US$ 8 bilhões, em 2002.

O ataque especulativo de 2002 tem basicamente duas interpretações políticas. A primeira, mais próxima daqueles identificados com o governo anterior e com o mercado financeiro, encara a forte depreciação do real e o corte no financiamento externo do Brasil como uma resposta "racional" dos investidores às posições históricas do Partido dos Trabalhadores (PT) contra os interesses do mercado financeiro, sobretudo no tocante à estabilidade dos contratos e à manutenção de altas taxas de juro por parte do Banco Central. O principal problema dessa interpretação está no fato de que, durante a campanha presidencial de 2002, o então candidato Lula sinalizou claramente que seu governo respeitaria os contratos vigentes e restabeleceria o controle da inflação e da dívida pública. A segunda, mais próxima daqueles identificados com o governo Lula e com os movimentos dos trabalhadores, observa, antes de tudo, o ataque especulativo contra o real no segundo semestre de 2002 como uma forma de limitar as opções disponíveis ao novo

---

3 No jargão financeiro, um ponto básico é igual a um centésimo de ponto percentual. Logo, quando uma taxa de juro sobe de 5,00% para 5,25%, significa um aumento de 25 pontos básicos.

governo, sobretudo quando ficou cada vez mais clara a vitória do PT nas eleições presidenciais daquele ano.

Independentemente da interpretação política adotada pelo leitor, o fato histórico é que o Brasil sofreu forte ataque especulativo no segundo semestre de 2002, o que, por sua vez, gerou uma aceleração da inflação e uma rápida deterioração das finanças públicas. Ao final daquele ano, a inflação ao consumidor estava em 12,5% ao ano e em aceleração, a dívida líquida do setor público havia subido para 51,3% do Produto Interno Bruto (PIB) e as reservas internacionais do Brasil eram de apenas US$ 37,8 bilhões, dos quais US$ 20,8 bilhões correspondiam a um empréstimo feito junto ao Fundo Monetário Internacional (FMI). Do lado positivo, a depreciação cambial de 2002 e o vigoroso crescimento da economia mundial a partir daquele ano já haviam iniciado um processo de recuperação das exportações brasileiras, o que iria aumentar substancialmente o superávit comercial e reduzir a vulnerabilidade externa do Brasil nos anos seguintes.

O AJUSTE NECESSÁRIO: 2003

O primeiro passo da política econômica do governo Lula foi estabelecer um ajuste macroeconômico sólido para retomar o controle da situação monetária, fiscal e cambial do país. No campo monetário, o governo revisou para cima as metas de inflação fixadas no governo anterior, de modo a acomodar parte do impacto inflacionário da depreciação cambial ocorrida em 2002 e não sacrificar demasiadamente o crescimento da economia. Em paralelo, para garantir o retorno da queda da inflação, o Banco Central do Brasil (BC) aumentou sua taxa básica de juros, a taxa do Sistema Especial de Liquidação e Custódia (Selic), a qual foi elevada de 25,0% ao ano, em dezembro de 2002, para 26,5%, em fevereiro de 2003. Descontada a expectativa de inflação para os 12 meses seguintes, a Selic de 26,5% significou uma taxa real de juros de 16,4% ao ano no início do governo Lula[4].

---

4 A taxa de juros real esperada para um ano é obtida com base na taxa dos contratos de SWAP pré-DI de 360 dias e nas expectativas de inflação do mercado.

No campo fiscal, o governo aumentou a meta de resultado primário do setor público de 3,75% do PIB para 4,25% do PIB[5]. O principal objetivo de tal medida foi sinalizar para os agentes financeiros o grau de comprometimento do governo Lula com o equilíbrio fiscal e, portanto, dissipar as preocupações do mercado com um eventual aumento explosivo na dívida pública. O resultado prático de tal medida foi uma redução no gasto primário da União em um contexto de desaceleração do ritmo de crescimento da economia, ou seja, uma política fiscal pró-cíclica que, somada, ao aumento na taxa de juros, aprofundou a queda no nível de atividade econômica em 2003. A maior parte do ajuste fiscal federal recaiu sobre o investimento da União, que passou de 1,1% do PIB, em 2002, para 0,3% do PIB, em 2003, e sobre o salário mínimo, que obteve crescimento real de apenas 0,7% em 2003, na comparação entre médias anuais.

No campo externo, o governo Lula manteve a política de câmbio flutuante e, em razão do reduzido nível das reservas internacionais do país, o BC evitou combater a depreciação do real por meio da venda de moeda estrangeira no mercado doméstico. Na verdade, não era necessária nenhuma intervenção cambial do governo federal para apreciar o real em 2003. Durante as eleições de 2002, em termos reais a taxa de câmbio efetiva havia se elevado para níveis sem precedentes históricos, de maneira que estava claro para a maioria dos investidores internos e externos que a tendência predominante seria de apreciação do real em 2003. Em outras palavras, o ataque especulativo de 2002 colocou a taxa de câmbio do Brasil em um nível tão elevado que, no início de 2003, os ativos brasileiros estavam extremamente baratos para o investidor externo, especialmente em um contexto no qual as ações monetárias e fiscais do governo Lula indicavam uma rápida retomada da estabilidade macroeconômica no país. Era apenas uma questão de tempo para o real se apreciar, o que, de fato, ocorreu ao longo de 2003.

---

5 Posteriormente, graças à revisão dos valores do PIB de 2003-2006 para cima, o resultado primário do setor público acabou sendo inferior a 4,25% do PIB, como é apresentado no anexo estatístico.

O impacto da política macroeconômica restritiva de 2003 teve como resultado uma desaceleração do crescimento econômico, sobretudo no primeiro semestre daquele ano, quando o país experimentou uma "recessão técnica", isto é, dois trimestres consecutivos de queda do PIB. A economia só voltou a crescer a partir do segundo semestre de 2003 e, mesmo assim, em consequência do aumento das exportações e da queda das importações. Como foi mencionado anteriormente, a depreciação cambial e o crescimento da economia mundial deram grande impulso ao setor exportador brasileiro a partir de 2002, e isso contribuiu para o crescimento econômico nos anos seguintes, fato mais notável em 2003. Porém, apesar do bom desempenho do setor externo da economia, o contexto ainda foi negativo do ponto de vista doméstico, com queda tanto no consumo das famílias quanto no investimento em 2003. Em outras palavras, apesar de o PIB ter crescido 1,1% em 2003, a sensação econômica foi, para a maioria da população, de recessão.

Diante da recessão técnica e da apreciação cambial ocorridas no primeiro semestre de 2003, a inflação desacelerou e o BC começou a reduzir a taxa Selic ainda no segundo semestre daquele ano. O corte na taxa de juros foi rápido e substancial, tendo a Selic queda de 26,5%, em junho de 2003, para 16,5%, em dezembro de 2003. Assim, o quadro econômico do Brasil do final de 2002 para o de 2003 era mais favorável: o crescimento econômico estava se recuperando, a inflação desacelerava e a taxa de juros estava sendo reduzida. O ponto fora da curva nesse quadro favorável estava na execução fiscal, uma vez que a elevação da meta de resultado primário levou necessariamente a um corte radical nos investimentos públicos e a um crescimento real quase nulo do salário mínimo em 2003.

Em paralelo à estabilização da economia brasileira, o governo Lula também realizou duas importantes reformas em 2003: uma minirreforma tributária que elevaria a receita da União nos anos seguintes e uma reforma da Previdência que estabilizaria o peso da Previdência dos servidores públicos no orçamento da União. Vejamos cada ponto.

Logo no início do governo, em maio de 2003, a equipe econômica elevou a alíquota da Contribuição para o Financiamento da Seguridade Social (Cofins) sobre instituições financeiras de 3% para 4% e ampliou a base de cálculo da Contribuição Social sobre o Lucro Líquido (CSLL) sobre empresas prestadoras de serviço de 12% para 32% do faturamento para quem optasse pelo regime de lucro presumido.

No final de 2003, o Congresso Nacional aprovou a proposta da minirreforma tributária do governo federal, cujos principais pontos foram a introdução de dois regimes de arrecadação do Programa de Integração Social (PIS) e da Cofins, com incidência cumulativa ou não cumulativa de alíquotas tributárias diferenciadas, a extensão do PIS e da Cofins para as importações, e a prorrogação da Contribuição Provisória sobre Movimentação Financeira (CPMF) por mais quatro anos, isto é, até o final de 2007. O principal efeito da minirreforma tributária foi elevar a arrecadação do governo federal nos anos seguintes, tanto na esfera nominal quanto em relação ao PIB.

A reforma previdenciária do governo Lula consistiu em três pontos principais: a elevação do valor teto para contribuição ao Instituto Nacional de Seguridade Social (INSS), a introdução de idade mínima de aposentadoria para todos os funcionários públicos federais (55 anos para mulheres e 60 para homens) e a contribuição previdenciária de 11% sobre os servidores inativos, sendo a alíquota incidente sobre a parcela do rendimento que excedesse o teto de contribuição para o INSS. O principal resultado da reforma previdenciária de 2003 foi estabilizar o déficit do regime de previdência dos servidores públicos em relação ao PIB.

A RECUPERAÇÃO INTERROMPIDA: 2004-2005

O crescimento da economia acelerou substancialmente em 2004. Em relação ao aspecto interno, os principais determinantes da recuperação econômica foram tanto o impacto expansionista da apreciação cambial, iniciada em 2003, como a redução da inflação e da taxa básica de juros. Em relação ao externo, o crescimento das exportações continuou elevado, não obstante a apreciação cambial, graças ao intenso aumento da economia mundial. Após a queda em 2003, houve expressivo crescimento das importações, motivado ao mesmo tempo pela recuperação do consumo e do investimento e pela redução da taxa de câmbio. O período de 2004-2005 também marcou o início da recuperação do salário mínimo, do aumento nas transferências do governo às famílias mais pobres e da expansão da concessão de crédito, isto é, das linhas mestras de política econômica que iriam consolidar-se nos anos seguintes.

Iniciando nossa análise com a política monetária, vemos que a inflação e a taxa básica de juros continuaram a cair no início de 2004. Mais especificamente, em abril daquele ano a taxa Selic foi reduzida para 16,0%, a inflação acumulada em 12 meses caiu para 5,6% e a taxa de juros real da economia atingiu 9,4% ao ano. O impacto combinado dessa redução na inflação e na taxa de juro real foi um estímulo à expansão do crédito e ao crescimento da economia, em particular por meio do aumento do consumo e do investimento privados, que haviam caído em 2003.

Ao longo de 2004, a rápida recuperação da economia levou o BC a elevar novamente a taxa Selic em setembro, quando haviam transcorrido apenas cinco meses após sua última redução. O temor da autoridade monetária na época era que o maior crescimento da economia acabasse por elevar novamente a inflação, uma vez que, segundo os modelos utilizados para guiar a política monetária, o potencial de crescimento do PIB brasileiro seria de apenas 3,5% ao ano naquele momento. Como o PIB acabou crescendo 5,7% em 2004, o resultado do descompasso entre o crescimento efetivo e o crescimento desejado pelo BC foi um novo ciclo de aperto monetário. Assim, a Selic subiu de 16,00%, em abril de 2004, para 19,75%, em maio de 2005. A taxa real de juros acompanhou a elevação da Selic e atingiu 12,8% ao ano em agosto de 2005. O crescimento da economia respondeu negativamente ao aumento da taxa de juros e desacelerou para 3,2% em 2005. Em uma espécie de profecia autorrealizável, a política monetária do BC produziu a taxa de crescimento que considerava sustentável.

Independentemente do papel da demanda agregada na aceleração da inflação, outro fator pressionou a evolução dos preços ao longo de 2004: a mudança no sistema de arrecadação do PIS e da Cofins resultante da minirreforma tributária aprovada pelo Congresso em fins de 2003. A mudança no regime de tributação do PIS-Cofins sobre empresas brasileiras foi formulada para ter impacto neutro sobre a inflação, mas, como acontece geralmente nesses casos, as empresas desoneradas não repassaram os ganhos automaticamente para os preços, enquanto as empresas oneradas repassaram imediatamente o aumento dos tributos para os preços. O que se obteve no final da mudança foi um aumento temporário da inflação ao longo de 2004.

Em relação a uma análise da política fiscal, a aceleração do crescimento do PIB e a minirreforma tributária geraram um ganho de receita para o setor público no biênio 2004-2005. No âmbito federal, tal ganho foi destinado basicamente para dois fins: aumentar o resultado primário, de modo a reduzir o tamanho da dívida pública em relação ao PIB, e ampliar as transferências de renda às famílias mais pobres, com o objetivo de reduzir a desigualdade na distribuição de renda. O aumento do resultado primário iniciou o processo de redução da relação dívida/PIB do setor público, que iria prosseguir até a eclosão da crise financeira internacional, em fins de 2008. Já o aumento nas transferências de renda do governo federal às famílias mais pobres ocorreu, sobretudo, por meio do aumento real do salário mínimo e da ampliação dos instrumentos de combate à pobreza.

O principal objetivo da política de elevação do salário mínimo era recompor as perdas ocorridas no período de alta inflação e fortalecer a poder de barganha dos trabalhadores nas negociações salariais, em especial dos trabalhadores no setor de serviços e na economia informal. Entretanto, além do seu impacto positivo no mercado de trabalho, o aumento do salário mínimo também elevou o pagamento de benefícios previdenciários por parte do governo federal. Dessa forma, ele aumentou a renda disponível para a maior parte dos aposentados e pensionistas do INSS. Considerando os valores de maio de cada ano, o salário mínimo mensal aumentou de R$ 240,00 em 2003 para R$ 260,00 em 2004 e para R$ 300,00 em 2005. Considerando a média anual, o crescimento real do salário mínimo foi de 3,7% em 2004 e de 7,0% em 2005.

O aumento nas transferências de renda foi resultado de uma postura ativa do governo federal no combate à pobreza. No seu primeiro ano, o governo Lula criou o programa Fome Zero para combater a pobreza extrema. Em 2004-2005, a estratégia foi aperfeiçoada por intermédio da integração das diversas ações de combate à pobreza em um único programa, o Bolsa Família. Baseado em experiências similares na esfera municipal, tal programa consiste na transferência de renda para famílias em extrema pobreza e tem como principais condições para acesso ao benefício o acompanhamento da nutrição, da saúde e da frequência escolar das crianças das famílias atendidas. Ao final de 2005, o valor total do Bolsa Família atingiu 0,3% do PIB, beneficiando 8,7 milhões de famílias.

Cabe ressaltar ainda, do ponto de vista fiscal, que o período de 2003-2005 foi marcado por uma redução relativa no gasto da União com salários e encargos sociais do funcionalismo. Em números, a folha de pagamento da União, incluindo ativos e inativos, caiu de 4,8% do PIB, em 2002, para 4,3% do PIB, em 2005. Tal contração foi consequência de reajustes salariais modestos e de contenção nas contratações.

O período de 2004-2005 também foi marcado pelo início de uma expansão mais acelerada na concessão de crédito tanto para empresas quanto para pessoas físicas. Em relação ao setor de pessoas jurídicas, a expansão do crédito decorreu da recuperação do crescimento da economia e da redução da taxa real de juros, que, apesar de permanecer elevada para padrões internacionais, ficou abaixo do verificado no final dos anos 1990. A reforma da Lei de Falências, em 2004, também ajudou na expansão do crédito, uma vez que simplificou e agilizou a recuperação do crédito concedido a empresas em dificuldades financeiras.

No setor das pessoas físicas, a principal inovação financeira foi a introdução e difusão do crédito consignado. Fruto de uma iniciativa da Central Única dos Trabalhadores (CUT), o crédito consignado começou com um acordo entre os sindicatos e as instituições financeiras ao final de 2003. Nos anos seguintes, o mesmo produto foi estendido aos servidores públicos e aos aposentados pelo INSS, ampliando substancialmente a oferta de crédito às famílias. Apesar das altas taxas reais de juros cobradas no crédito consignado, o crescimento dos salários reais e a grande demanda reprimida de crédito por parte das famílias brasileiras acabariam resultando em um crescimento acelerado de tais operações a partir de 2004.

No campo externo, o biênio 2004-2005 foi marcado pelo crescimento expressivo do saldo comercial e do saldo em conta corrente da economia brasileira. Em números, as exportações cresceram de US$ 60,4 bilhões, em 2002, para US$ 118,3 bilhões em 2005. No mesmo período as importações aumentaram de US$ 47,2 bilhões para US$ 73,6 bilhões, fazendo o saldo comercial atingir US$ 44,7 bilhões em 2005. Esse comportamento favorável do comércio exterior ocorreu, apesar da valorização cambial, por três motivos: o crescimento da economia mundial aumentou o volume e os preços das exportações brasileiras; mesmo após a apreciação cambial, a taxa real de câmbio média permaneceu acima de sua média histórica em 2004-2005; e, por último, a extensão do PIS-Cofins às importações atenuou o impacto do câmbio nas importações. A apreciação do real só começou a prejudicar mais claramente o crescimento das exportações de manufaturados no final de 2005, justamente no momento de desaceleração do crescimento da demanda doméstica, em razão do aumento da taxa básica de juros empreendido pelo BC.

Ainda quanto ao balanço de pagamentos, o biênio 2004-2005 foi caracterizado pela retomada gradual das linhas de financiamento externo à economia brasileira. O saldo líquido de investimento estrangeiro direto aumentou de US$ 10,1 bilhões, em 2003, para US$ 15,1 bilhões, em 2005. No mesmo período, o saldo líquido de investimento estrangeiro em carteira aumentou de US$ 5,1 bilhões para US$ 6,7 bilhões, ao passo que o crédito comercial fornecido pelo resto do mundo ao Brasil passou de US$ 1,4 bilhão para US$ 8,1 bilhões. Graças ao aumento do saldo em conta-corrente e à retomada do financiamento externo, o Brasil conseguiu aumentar suas reservas internacionais e, ao final de 2005, o governo federal tomou a decisão de quitar sua dívida com o FMI por meio de um pagamento total de US$ 23,3 bilhões.

O pagamento ao FMI refletiu um momento de acirramento e de decisão sobre os rumos da política econômica. Após o ajuste recessivo de 2003 e a recuperação do crescimento em 2004, a queda do nível de atividade econômica em fins de 2005 e a visão predominante na equipe econômica da época geraram um impasse entre os compromissos sociais do governo Lula e a estratégia de política econômica adotada até aquele momento.

Debate e opção

Não obstante a diversidade de posições e interpretações, as principais visões sobre economia no governo Lula podem ser divididas, grosso modo, em duas vertentes: uma mais próxima do chamado consenso neoliberal de política econômica e outra defensora de um papel mais ativo do Estado no desenvolvimento econômico e social. Para simplificar a exposição, esta seção vai retratar o debate com base no contraste entre uma visão "neoliberal" e uma visão "desenvolvimentista" sobre política econômica.

Nos três anos iniciais do governo Lula, a visão neoliberal predominou nas ações de política econômica. Segundo tal enfoque, o crescimento da economia independe de fatores de curto prazo e, como tal, não pode ser afetado de forma permanente pela política macroeconômica. Assim, medidas de estímulo monetário, fiscal ou cambial teriam influência pequena ou, na maioria das vezes, danosa sobre a economia. Para os liberais, a aceleração do crescimento deve ser buscada principalmente por intermédio de "reformas estruturais" pró-mercado, isto é, reformas nas leis e nas instituições da sociedade para diminuir a interferência do governo em decisões privadas. A ideia subjacente a tal visão é que eventuais falhas de mercado são muito menos danosas à sociedade do que falhas de governo. De acordo com essa vertente, o melhor que o Estado pode fazer é adotar uma postura minimalista, seja na regulação, seja na administração macroeconômica. E o mais importante: segundo a visão neoliberal o mercado livre de intervenções tende a remunerar cada fator de produção de acordo com sua produtividade marginal, de modo que as forças de mercado fazem cada agente econômico receber uma remuneração "justa" do ponto de vista estritamente econômico.

No campo prático das ações do governo Lula, a visão neoliberal se refletiu em uma posição conservadora sobre o potencial de crescimento da economia em 2003-2005. Sua consequência imediata foi recomendar uma estratégia de forte contenção fiscal para abrir espaço ao crescimento do setor privado e à queda da taxa de juros. A lógica da visão neoliberal é simples e intuitiva: o país tem um potencial de crescimento limitado e o mercado é sempre mais eficiente do que o governo, de tal modo que a única forma de acelerar o desenvolvimento é liberalizar a economia, cortar impostos e conter os gastos públicos. Uma vez tomado esse caminho, o desenvolvimento – depois de um necessário período de ajuste até começarem a se evidenciar os efeitos de longo prazo – seria materializado de forma gradual e equilibrada.

Diante da desaceleração do crescimento e do aumento na taxa real de juros verificados ao final de 2005, a resposta natural dos defensores da visão neoliberal foi recomendar um aumento na dose do "remédio neoliberal". Mais especificamente, nessa época os neoliberais recomendavam a adoção de uma "contração fiscal expansionista": o governo deveria aumentar o seu resultado primário, desacelerando o crescimento das transferências de renda e do gasto com o funcionalismo. Segundo essa proposta, a economia iria responder a tal iniciativa com um corte na taxa real de juros e com um aumento do investimento privado, de modo que, ao final do processo, a resposta positiva do setor privado mais do que compensaria o impacto negativo do ajuste fiscal sobre o nível de atividade econômica. Como é previsível nesse tipo de argumentação, o resultado positivo da contração fiscal viria somente a longo prazo. De forma tautológica, esse "longo prazo" era definido como o prazo necessário para que tal estratégia desse certo.

No âmbito monetário, a proposta de ajuste fiscal expansionista foi complementada por outra de redução mais rápida da inflação: a adoção de um comportamento mais agressivo do governo para reduzir a meta de inflação. De forma similar à visão do enfoque fiscal, argumentou-se que perseguir uma meta de inflação mais baixa poderia até gerar impactos negativos sobre o crescimento a curto prazo, no entanto eles seriam mais do que compensados pela redução permanente na taxa real de juros a longo prazo, em virtude do ganho de credibilidade adquirido pela política monetária. Para seus defensores, a estratégia de desinflação rápida também deveria ser acompanhada da independência formal do BC e, para amenizar os custos sociais da transição, o governo Lula deveria concentrar suas ações em políticas sociais "focalizadas", ou seja, voltadas a parcelas mais pobres da população. Para os liberais, o fornecimento de serviços universais como saúde, educação e segurança pública deveria adaptar-se ao rigor fiscal necessário para fazer a transição a longo prazo, isto é, o governo deveria conter mais agressivamente o crescimento de tais despesas.

O ajuste fiscal de 2003-2005 não acelerou substancialmente o crescimento da economia, tampouco ajudou o compromisso de melhorar a renda e o emprego, o que fez a visão neoliberal ir se esgotando nos primeiros três anos do governo Lula. Destaca-se outro ponto ainda mais relevante: a proposta neoliberal de novos ajustes recessivos acabou fortalecendo a visão desenvolvimentista sobre política econômica ao final de 2005.

A visão desenvolvimentista do governo Lula combinava vários argumentos, sem refletir uma escola de pensamento econômico homogênea. Em contraponto ao caráter teórico e ideologicamente mais coeso da visão liberal, os desenvolvimentistas então adotaram uma postura pragmática em torno da defesa de três linhas de atuação para o governo federal. Foram elas: a adoção de medidas temporárias de estímulo fiscal e monetário para acelerar o crescimento e elevar o potencial produtivo da economia; a aceleração do desenvolvimento social por intermédio do aumento nas transferências de renda e elevação do salário mínimo; e o aumento no investimento público e a recuperação do papel do Estado no planejamento de longo prazo. Vejamos cada um desses argumentos.

Para os desenvolvimentistas, o Brasil possuía um potencial de crescimento maior do que o estimado pelos defensores da visão neoliberal em 2005. Esse potencial de crescimento se devia a ganhos de produtividade ainda não aproveitados, mas que só se tornariam possíveis com uma aceleração do crescimento. Em outras palavras, para aumentar o crescimento potencial, seria preciso, primeiramente, aumentar o crescimento efetivo da economia. Somente com a aceleração do crescimento a economia poderia iniciar um círculo virtuoso no qual o aumento da demanda geraria aumento nos lucros e na produtividade, o que, por sua vez, produziria um aumento no investimento e, dessa forma, criaria a capacidade produtiva necessária para sustentar a expansão. Em contraponto à visão neoliberal, para os desenvolvimentistas seria necessário adotar medidas monetárias e fiscais de estímulo ao crescimento para começar o círculo virtuoso.

Os ganhos potenciais de produtividade da economia decorrem de várias fontes, mas podem ser agrupados em cinco categorias, segundo a visão desenvolvimentista. Em primeiro lugar, a aceleração do crescimento gera ganhos de escala na produção e, com isso, possibilita um aumento não inflacionário tanto dos lucros como dos salários por unidade produzida. Em segundo, a aceleração do crescimento faz crescer o emprego nos setores formais, gerando desenvolvimento na produtividade média da economia pelo simples deslocamento de trabalhadores de atividades de menor para outras de maior produtividade. Em terceiro lugar, a aceleração do crescimento induz as empresas a aumentar seus investimentos, o que, por sua vez, promove expansão e modernização da capacidade produtiva da economia. Em quarto, a aceleração do crescimento possibilita o desenvolvimento de novos mercados, abrindo novas fronteiras de expansão. Por fim, em quinto lugar, a aceleração do crescimento provoca uma revisão para cima das estimativas sobre o potencial produtivo. Assim, ela induz uma mudança no estado de confiança dos agentes econômicos.

Levando em conta os pontos acima, para os desenvolvimentistas o Brasil poderia acelerar seu crescimento econômico de modo sustentável com base na adoção de alguns estímulos fiscais e monetários. Obviamente, as restrições de recursos inerentes a qualquer economia não permitiriam atingir *qualquer* taxa de crescimento, mas seria possível alcançar uma taxa de crescimento um ou dois pontos percentuais acima do estimado pelos adeptos da visão neoliberal. Uma consideração ainda mais importante: o estímulo necessário para iniciar o círculo virtuoso de desenvolvimento poderia ser combinado com uma postura mais ativa do governo federal na redução das desigualdades, na distribuição de renda e no aumento do investimento público. Enquanto a visão neoliberal respeitava com temor quase religioso a suposta barreira estimada para o produto potencial, a visão desenvolvimentista procurou testar na prática a existência de tais limites, de forma a ultrapassá-los.

A visão desenvolvimentista do governo Lula também enfatizava a importância das transferências de renda do governo federal para as famílias como instrumento de desenvolvimento econômico. Em contraste com a visão neoliberal, para os desenvolvimentistas as transferências de renda não se esgotavam apenas como mecanismo de combate da extrema pobreza: constituíam também um instrumento de expansão da demanda agregada e de elevação dos salários reais da economia. Nesse caso, para os desenvolvimentistas o principal instrumento de atuação do Estado era a elevação do valor real do salário mínimo. De um lado, isso fazia aumentar as transferências de renda para os aposentados e pensionistas do INSS e, do outro lado, elevar o poder de barganha dos trabalhadores nas negociações salariais. De acordo com a visão desenvolvimentista, a distribuição de renda depende mais do poder de barganha das partes envolvidas do que da produtividade marginal de cada fator de produção. Nessa conjuntura, a elevação do salário mínimo real poderia fazer com que uma parte crescente da produtividade do trabalho fosse direcionada para o aumento dos salários reais.

Para os desenvolvimentistas, os aumentos das transferências de renda poderiam ser implementados sem gerar desequilíbrios fiscais. A aceleração do crescimento econômico e o aumento no grau de formalização dos contratos induzido pelo maior crescimento gerariam aumento de arrecadação para o governo e, dessa forma, as transferências de renda poderiam ser financiadas sem comprometer a estabilidade das finanças públicas. Nesse sentido, a lógica tinha por objetivo direcionar o aumento na carga tributária bruta prioritariamente para as transferências de renda às famílias, de modo a manter a carga tributária líquida estável. O resultado final dessa política seria alcançar a estabilidade da renda disponível do setor privado em relação ao PIB, mas por meio de uma mudança em sua distribuição, a favor das famílias de menor renda.

Por fim, enfatizava a necessidade de uma postura mais ativa do Estado na promoção do desenvolvimento econômico brasileiro, considerando-a uma consequência natural do caráter desequilibrado do crescimento econômico, da incerteza inerente a projetos de investimento de grande volume e longa maturação e da assimetria de poder e de informação existente em vários mercados. Traduzindo, a aceleração do crescimento econômico do Brasil demandaria maior investimento em infraestrutura, sobretudo nas áreas de energia e transportes. Como alguns dos investimentos em tais áreas se caracterizam por indivisibilidades e longa maturação, o governo brasileiro deveria assumir um papel mais ativo no planejamento de longo prazo. Para os desenvolvimentistas, os investimentos em infraestrutura poderiam ser feitos tanto pelo Estado quanto pelo setor privado, mediante concessões ou parcerias. No entanto, em ambos os casos, o governo desempenharia papel crucial na coordenação dos projetos, na garantia da demanda e no financiamento de longo prazo, além de atuar, evidentemente, na formatação das expectativas, naquilo que se convencionou chamar de "despertar o espírito animal" dos empresários.

Também enfatiza o papel do Estado na regulação dos mercados, defendendo um papel mais ativo das agências reguladoras ao implementarem tanto políticas de interesse do Estado quanto políticas de defesa dos consumidores, em contraponto à ênfase excessiva nos interesses de investidores, herdada do período das privatizações realizadas pelo governo anterior. No tocante a reformas estruturais, para os desenvolvimentistas o governo deveria prosseguir seu esforço na melhoria do ambiente de negócios e no aperfeiçoamento do funcionamento dos mercados, mas sem se amarrar à visão neoliberal de que falhas de mercado são sempre menos graves do que falhas de governo.

No plano macroeconômico, os desenvolvimentistas defendiam o aumento do investimento público para acelerar o crescimento e aumentar a capacidade produtiva. Tal raciocínio se baseia na ideia de que investimentos em infraestrutura teriam grande impacto positivo sobre a produtividade e a competitividade da economia, especialmente em consequência dos baixos investimentos realizados nos últimos 30 anos. Assim, o aumento do investimento público teria a capacidade de elevar, de um lado, a demanda agregada e, de outro, a produtividade. Para iniciar o círculo virtuoso de desenvolvimento, os protagonistas dessa vertente defendiam, portanto, não somente o aumento das transferências de renda e do salário mínimo mas também o investimento por parte do governo federal e das estatais.

O financiamento do aumento no investimento público poderia ocorrer tanto por receitas tributárias quanto por emissão de títulos da dívida pública, uma vez que o maior crescimento da economia se encarregaria de absorver o aumento temporário do déficit público a médio prazo. Em outras palavras, o eventual financiamento do investimento público por meio da emissão de dívida não seria necessariamente incompatível com a meta global de redução da relação dívida/PIB do setor público brasileiro, visto que tal investimento resultaria na elevação da própria taxa de crescimento do PIB.

Em relação ao debate macroeconômico sobre execução fiscal, os desenvolvimentistas do governo Lula defendiam a adoção da "regra de ouro" da política fiscal, qual seja: em média o déficit público deve ser igual ao investimento público, ou seja, o governo deve financiar gastos correntes com receitas correntes ao longo do ciclo econômico. No caso específico da política econômica do Brasil de 2005, a proposta era adaptar as metas fiscais à importância do investimento público e ao peso do pagamento de juros sobre o orçamento público, retirando os investimentos mais estratégicos do cálculo do resultado primário do governo federal. O efeito prático de tal proposta seria substituir a meta de resultado primário por uma meta de resultado primário corrente, isto é, uma meta de resultado primário sem investimentos. A eventual zeragem do resultado corrente deveria ficar para um segundo momento, quando o Brasil atingisse uma taxa real de juros mais baixa.

Construindo um novo modelo de desenvolvimento: 2006-2008

À medida que o governo Lula optou mais claramente por uma política econômica desenvolvimentista, ocorreu uma aceleração substancial no crescimento econômico do país. Em números, o crescimento médio anual do PIB subiu de 3,2%, em 2003-2005, para 5,1%, em 2006-2008. Com isso, a aceleração do crescimento foi obtida com controle da inflação e queda da taxa real de juros da economia, mesmo diante de uma elevação significativa dos preços internacionais das *commodities* agrícolas e minerais em 2008. Externamente, a aceleração do crescimento foi acompanhada pelo acúmulo de reservas internacionais, que reduziu a vulnerabilidade externa da economia, e pela apreciação do real, que atenuou as pressões inflacionárias externas. Sob o aspecto fiscal, ela foi acompanhada por uma pequena redução do resultado primário, que, por sua vez, não comprometeu a queda na relação dívida/PIB do setor público.

Três iniciativas tomadas na execução da política fiscal, ainda em 2006, marcaram a inflexão econômica: elevação substancial do salário mínimo, do aumento do investimento público e reestruturação de carreiras e salários dos servidores públicos. Assim, em 2006, o salário mínimo subiu 16,7%, passando de R$ 300,00 para R$ 350,00. Em virtude desse reajuste nominal e da redução da taxa de inflação observada naquele ano, o aumento real médio foi de 14,1% em 2006, o maior percentual de reajuste concedido no período 2003-2009. Esse aumento, muito criticado na época por seus pretensos efeitos inflacionários, ajudou decisivamente a estimular o mercado doméstico e a consolidar o novo modelo de desenvolvimento de crescimento com distribuição de renda. Nos dois anos seguintes, o salário mínimo continuou a subir, atingindo R$ 380,00 em 2007 e R$ 415,00 em 2008. Em termos reais, o crescimento foi mais moderado do que em 2006, ou seja, com base na média anual, o salário mínimo real aumentou 6,0% em 2007 e 3,1% em 2008. Comparando os dois subperíodos do governo Lula, o aumento acumulado do salário mínimo real foi de 11,7% em 2003-2005 e de 24,7% em 2006-2008.

O aumento do investimento público começou em janeiro de 2006, com a adoção do programa "tapa-buracos", uma iniciativa do governo federal para melhorar a qualidade das estradas. Em consequência da redução do investimento público em 2003-2005, o estado da malha rodoviária federal era precário no início de 2006, apresentando grandes efeitos negativos sobre a produtividade da economia e a segurança da população. Assim, em linha com sua nova orientação desenvolvimentista, a resposta do governo Lula foi um programa emergencial que, apesar de pequeno em valor (R$ 440 milhões), constituiu um marco importante da mudança nas prioridades orçamentárias. A partir de 2006, o aumento do investimento em infraestrutura se tornaria prioridade para o governo e, no início do segundo mandato, em 2007, as políticas federais nessa área seriam reorganizadas, centralizadas e ampliadas, com a adoção do Programa de Aceleração do Crescimento (PAC).

Com o PAC, o país recuperou a capacidade de induzir, por meio da iniciativa governamental, o desenvolvimento de amplo espectro de setores fundamentais para a modernização da economia. A estratégia do governo, pela primeira vez em muitas décadas, foi apoiar a formação de capital da parte do setor privado e, simultaneamente, aumentar o investimento público em infraestrutura. Em sua versão inicial, o PAC previa um investimento total de R$ 504 bilhões em 2007-2010, sendo tal investimento dividido em três grandes grupos: transporte e logística, com R$ 58 bilhões; energia, com R$ 275 bilhões; e infraestrutura social, com R$ 171 bilhões. As metas e os números do PAC seriam revisados e ampliados nos anos seguintes, de acordo com a execução e a reavaliação dos diversos projetos de investimento incluídos em tal programa.

De modo geral, o principal mérito do PAC foi liberar recursos para o aumento do investimento público e estimular o investimento privado. Sua adoção fez aumentar os investimentos por parte da União, que passaram de uma média de 0,4% do PIB, em 2003-2005, para 0,7% do PIB, em 2006-2008. Apesar desse crescimento, o investimento da União ainda era baixo no final de 2008, o que evidencia outro problema revelado pelo PAC, qual seja: a baixa da capacidade de formulação e execução de investimento por parte do Estado brasileiro. Mais especificamente, após um longo período de baixo investimento público e forte contenção fiscal, a burocracia federal perdeu agilidade na execução de investimentos, o que por sua vez retardou a efetivação dos projetos do PAC. Além disso, a estrutura de licenciamento, autorização e fiscalização dos investimentos públicos por parte dos órgãos e agências competentes também se revelou ineficiente quando submetida ao aumento do investimento programado. Do lado positivo, desde sua implementação o PAC tem aprimorado a capacidade de investimento do Estado, resultando no aumento gradual dos investimentos públicos.

Não obstante as dificuldades iniciais, o PAC é um sucesso não só na aceleração do crescimento econômico, como mencionado anteriormente, mas também no aumento da taxa de investimento da economia. De maneira mais detalhada: o investimento em capital fixo no Brasil passou de 15,9% do PIB, em 2005, para 19,0% do PIB, em 2008. Segundo levantamento realizado pelo BNDES, o crescimento de 3,1 p.p. do PIB foi incentivado tanto pelos investimentos dos setores exportadores, em razão do crescimento da demanda mundial por *commodities*, quanto pelos investimentos privados em infraestrutura, sobretudo em transportes e energia. O crescimento do mercado doméstico também resultou na ampliação dos investimentos privados em 2006-2008, em particular nos setores de bens de consumo duráveis e de construção residencial.

Ainda quanto ao PAC, cabe destacar o papel central da Petrobras, cujo investimento no Brasil passou de uma média de 0,8% do PIB, em 2003-2006, para 1,0% do PIB, em 2006-2008. Considerando apenas o ano de 2008, a Petrobras respondeu sozinha por 6,8% de todo o investimento. Considerando todo o setor, as atividades de petróleo e gás responderam por 12,3% de todo o investimento realizado no país em 2008.

Além do aumento do investimento propriamente dito, o PAC também incluiu uma série de desonerações tributárias para incentivar o investimento privado e o desenvolvimento do mercado de consumo de massa no Brasil. As desonerações foram ampliadas em 2008, por ocasião do lançamento da Política de Desenvolvimento Produtivo (PDP). Considerando o conjunto do PAC e da PDP, as desonerações para o setor produtivo foram efetivadas mediante o aproveitamento mais rápido de créditos tributários por investimentos, a depreciação acelerada de investimentos e a redução do Imposto sobre Produtos Industriais (IPI). O conjunto PAC-PDP incluiu incentivos tributários setoriais, especialmente para setores de construção pesada associada à infraestrutura, bem como para setores de maior intensidade tecnológica, como a produção de computadores, semicondutores e equipamentos para TV digital. Houve, igualmente, uma correção da tabela do Imposto de Renda sobre pessoas físicas, o que, na prática, funcionou como uma desoneração para a classe média. Os planos do governo federal para 2007-2008 também abarcavam a desoneração da folha de pagamentos, de modo a tornar as empresas brasileiras mais competitivas, especialmente em setores mais intensivos em trabalho. Infelizmente, essa última iniciativa acabou não se materializando, em consequência da redução do espaço fiscal para novas desonerações tributárias após a extinção da CPMF.

Em 2003, a CPMF havia sido prorrogada por quatro anos. No início de 2007, por ocasião do lançamento do PAC, o governo optou por não enviar imediatamente uma proposta de renovação da CPMF ao Congresso, preferindo incluir tal questão em uma proposta geral de reforma tributária, a ser enviada ao poder legislativo no meio daquele mesmo ano. O resultado de tal opção foi problemático para os objetivos do governo. De um lado, a proposta de reforma tributária acabou se revelando mais complexa do que o esperado, de modo que não foi enviada ao Congresso em 2007, como se planejara. De outro, a demora no posicionamento do governo e a indefinição sobre a possibilidade de redução da alíquota da CPMF fortaleceu a oposição da opinião pública à prorrogação de tal imposto. O resultado final foi uma derrota da proposta do governo no Senado, inviabilizando, assim, a desoneração da folha de pagamentos do setor privado a curto prazo.

Do ponto de vista macroeconômico, o fim da CPMF desencadeou mudanças importantes, uma vez que injetou 1,4% do PIB na renda disponível do setor privado em uma situação de alto nível de atividade econômica. Em outras palavras: promoveu forte estímulo ao crescimento da demanda agregada em uma situação na no qual a economia não precisava de estímulos adicionais. A resposta do governo foi aumentar as alíquotas do Imposto sobre Operações Financeiras (IOF) e da Contribuição Social sobre o Lucro Líquido (CSLL), de modo a recompor parcialmente sua receita fiscal e, sobretudo, evitar um aumento explosivo da demanda agregada. Do ponto de vista monetário, o impulso fiscal dado pelo fim da CPMF também foi um dos fatores que acabariam levando o BC a aumentar sua taxa básica de juros em 2008, como veremos mais adiante.

A partir de 2006, diante da necessidade de aperfeiçoar as funções do Estado e da própria demanda reprimida por aumentos salariais por parte dos servidores públicos, o governo iniciou um processo de reestruturação de sua folha de pagamento. A iniciativa se traduziu em três ações: aumentos salariais para carreiras típicas de Estado, com a finalidade de atrair bons profissionais para a esfera pública; ampliação de contratações por concurso público, de modo a fortalecer as áreas com mais carência de pessoal, sobretudo na fiscalização, na segurança e na educação; e substituição de funcionários terceirizados por servidores públicos em atividade tipicamente de Estado, com o objetivo de atender a uma determinação do Poder Judiciário. O resultado inicial de tais ações foi um aumento moderado do gasto da União com pessoal, isto é, de 4,3% do PIB, em 2005, para 4,5% do PIB, em 2008. Como veremos na próxima seção, o impacto macroeconômico mais significativo dessa iniciativa acabou ocorrendo em 2009.

Considerando todas as iniciativas fiscais mencionadas acima, o resultado primário do governo central caiu de uma média de 2,5%, em 2003-2005, para 2,3% do PIB, em 2006-2008. Assim, nos seus primeiros três anos, o governo Lula optou por uma política econômica mais desenvolvimentista que acabou se traduzindo em uma redução de apenas 0,2 p.p. do PIB no resultado primário do governo federal, uma vez que o próprio crescimento econômico induzido por tal política ampliou as receitas tributárias e financiou a maior parte da expansão do gasto primário. Cabe destacar que, mesmo em seu período menos desenvolvimentista, o governo Lula manteve um primário mais elevado do que o observado em 1999-2002, quando o governo central teve superávit primário médio de 1,9% do PIB.

A pequena redução do superávit primário do governo não comprometeu a trajetória de queda do endividamento do setor público em 2006-2008 em virtude, fundamentalmente, do crescimento econômico e da redução do pagamento de juros observados no mesmo período. Considerando o período até o agravamento da crise financeira internacional, a dívida líquida do setor público caiu de 48,0% do PIB, ao final de 2005, para 40,5% do PIB, em agosto de 2008. Em outros termos: tal como defendido pelos desenvolvimentistas, a opção por uma aceleração controlada do crescimento se demonstrou consistente com uma redução no tamanho da dívida pública em relação ao PIB.

A redução relativa no endividamento público só não foi maior em 2006-2008 porque se fez outra opção claramente desenvolvimentista: a acumulação de um elevado estoque de reservas internacionais. Conforme mencionado, o período de 2003-2005 foi marcado pela redução do endividamento externo do governo, culminando com o pagamento total da dívida junto ao FMI. A partir de 2006, a estratégia de redução da vulnerabilidade externa da economia ganhou mais apoio e resultou em um crescimento substancial nas reservas internacionais do país. Em números, o estoque total de reservas sob controle do Banco Central passou de US$ 55 bilhões, ao final de 2005, para US$ 207 bilhões, ao final de 2008. A maior parte desta acumulação ocorreu em 2007, quando o BC adquiriu US$ 87 bilhões no mercado cambial.

Do ponto de vista fiscal, a acumulação de reservas internacionais tem um alto custo financeiro, visto que o governo brasileiro aplica seus recursos externos as taxas de juros internacionais, enquanto financia a aquisição de reservas com emissão de dívida no mercado interno com base em uma taxa de juros bem mais elevada do que as do exterior. Além da diferença entre taxas de juros, a apreciação do real também implica perda patrimonial para o governo, tendo em vista que o valor em reais das reservas internacionais se reduz junto com a taxa de câmbio. Apesar desses custos, a partir de 2006 o governo brasileiro empreendeu uma política agressiva de aumento das reservas internacionais para atenuar as pressões pela apreciação do real e, principalmente, para reduzir a vulnerabilidade da economia em caso de uma crise internacional que resultasse na depreciação do real.

No período de 2006 a 2008, o mercado de trabalho apresentou um desempenho notável: massa salarial e rendimento médio cresceram expressivamente. Nesses três anos, foram criados 4,3 milhões de postos de emprego formais (mesmo levando-se em conta os efeitos da crise no último trimestre de 2008, com perda mais de 600 mil empregos). Dessa forma, a taxa de desemprego nas seis principais regiões metropolitanas, que atingira um máximo de 10,7% em julho de 2006, recuou para um mínimo de 6,8% em dezembro de 2008, tendo-se mantido na faixa de 8%.

O desenvolvimento no mercado de crédito também foi impressionante. O volume de crédito livre dobrou entre dezembro de 2005 e dezembro de 2008. Os mercados de capitais tiveram os três melhores anos da história recente, com emissões primárias totalizando praticamente R$ 400 bilhões no período. O crédito direcionado, que representava 33% do crédito total em dezembro de 2005, manteve sua participação relativa praticamente estável até dezembro de 2008 (29% do total), com destaque para o crédito habitacional (que passou de R$ 34,5 bilhões em 2006 para R$ 59,7 bilhões em 2008, alcançando um crescimento de 73,2%) e para o BNDES (cujos desembolsos atingiram R$ 90,8 bilhões em 2008). Na área da agricultura, o crédito agrícola foi beneficiado pela expansão do valor do Plano Safra, que subiu de R$ 53,5 bilhões em 2005-2006 para R$ 78 bilhões em 2008-2009.

A aceleração do crescimento da economia foi acompanhada de queda no superávit em conta-corrente do balanço de pagamentos em 2006-2008. A elevação do nível de atividade econômica, em uma conjuntura de apreciação cambial, acabou por reduzir o saldo comercial mesmo diante de forte expansão das exportações. No comércio de bens, o superávit comercial caiu de US$ 44,7 bilhões em 2005 para US$ 24,8 bilhões em 2008 em razão do forte crescimento das importações. Na área dos serviços, o déficit comercial brasileiro aumentou de US$ 8,3 bilhões, em 2005, para US$ 16,7 bilhões, em 2008, puxado em grande parte pela expansão de US$ 4,3 bilhões do déficit com viagens internacionais. Nesse período, em linha com a inclusão social e o aumento do crédito, o crescimento na renda disponível das famílias e a apreciação cambial geraram aumento de US$ 4,1 bilhões nas despesas internacionais com cartões de crédito.

A renda líquida enviada pelo Brasil ao exterior saltou de US$ 26,0 bilhões, em 2005, para US$ 40,6 bilhões, em 2008. Nessa conta, o principal movimento foi a elevação substancial das remessas de lucros e dividendos para o exterior, que aumentaram de US$ 12,7 bilhões, em 2005, para US$ 33,9 bilhões, em 2008. No mesmo período, o pagamento líquido de juros ao resto do mundo caiu de US$ 13,5 bilhões para US$ 7,2 bilhões, revelando uma mudança importante na estrutura de financiamento externo.

A queda do saldo em conta-corrente em 2006-2008 não comprometeu a solvência externa da economia graças à entrada maciça de capitais externos durante o período. Devido ao forte crescimento da economia, à elevada taxa de juros doméstica e à expectativa de apreciação do real, o Brasil se tornou um grande polo de atração de capitais em 2006-2008. Para compreender a dimensão de tal mudança, é útil comparar as somas acumuladas das principais contas do balanço de pagamentos nos triênios 2003-2005 e 2006-2008. Em números: o saldo em conta-corrente caiu do superávit de US$ 29,8 bilhões, em 2003-2005, para um déficit de US$ 13,0 bilhões, em 2006-2008; a entrada líquida de investimento direto de estrangeiros saltou de US$ 43,4 bilhões para US$ 98,5 bilhões; a entrada líquida de investimento em carteira feito por estrangeiros aumentou de US$ 5,4 bilhões para US$ 58,6 bilhões; e o saldo dos demais investimentos passou de um déficit de US$ 48,8 bilhões para um superávit de US$ 31,7 bilhões.

Como mencionado anteriormente, o "excesso" de entrada de capitais externos foi direcionado prioritariamente para a acumulação de reservas internacionais pelo governo. Além da acumulação de reservas internacionais, a entrada de capital externo também foi acompanhada de um aumento expressivo do investimento direto de brasileiros no exterior, que passou de US$ 12,6 bilhões, em 2003-2005, para US$ 55,7 bilhões, em 2006-2008. De fato, uma das consequências da apreciação do real foi tornar os ativos externos relativamente baratos para as grandes empresas brasileiras, que, por sua vez, aproveitaram o momento de elevação em seus lucros e de alta liquidez mundial para se internacionalizarem.

Passando ao campo da inflação, a queda nos preços agrícolas e a apreciação cambial provocaram intensa desaceleração inflacionária no início do ciclo de expansão de 2006-2008. Mais especificamente, a inflação medida pelo IPCA caiu de 5,7%, em 2005, para apenas 3,1%, em 2006. Os principais determinantes dessa redução foram a queda no nível de atividade econômica ao final de 2005 e a forte desaceleração da inflação dos preços dos alimentos ao longo de 2006. Assim, apesar da recuperação do crescimento iniciada em 2006, a inflação permaneceu abaixo do centro da meta estabelecida pelo governo até meados de 2007.

O quadro inflacionário só começou a mudar no final de 2007, quando a economia experimentou choques adversos na oferta de alimentos não comerciáveis em um quadro de alta atividade econômica. Trata-se do momento em que o Brasil sofreu dois choques clássicos de oferta, com redução no crescimento da produção e aumento de preços de dois alimentos básicos: leite e feijão. Os dois itens foram responsáveis por breve elevação da inflação nos últimos meses de 2007, o que, por sua vez, colocou em risco o cumprimento da meta de inflação no ano seguinte, visto que a economia estava aquecida e o fim da CPMF adicionaria ainda mais pressão ao crescimento da demanda agregada em 2008.

Como esperado, o quadro inflacionário se deteriorou na primeira metade de 2008, quando a elevação dos preços internacionais das *commodities* acarretou mais pressões altistas à inflação. Os preços internacionais dos alimentos aumentaram, o preço do petróleo atingiu o recorde de US$ 145 por barril e, em julho de 2008, a inflação acumulada em 12 meses atingiu 6,4%, chegando próximo do teto de 6,5% estabelecido pelo governo para 2008.

O governo combateu a aceleração da inflação com medidas fiscais e monetárias. No âmbito fiscal, em meados de 2008 o governo federal cortou impostos indiretos sobre o preço do trigo e seus derivados, com o fim de atenuar o impacto da elevação dos preços internacionais sobre alimentos. Eis uma medida estratégica adotada pelo governo: quando a elevação recorde nos preços internacionais do petróleo tornou inevitável uma elevação nos preços domésticos dos combustíveis nas refinarias, ele reduziu a Contribuição sobre Intervenção no Domínio Econômico (Cide) incidente sobre gasolina e óleo diesel, de modo a amortecer o impacto de tal reajuste nos preços domésticos.

O movimento de desaceleração e aceleração da inflação em 2006-2008 foi acompanhado de redução e elevação da taxa Selic por parte do BC, o qual, aliás, começou a diminuir essa taxa ainda em 2005, quando ficou claro que a política monetária restritiva havia produzido pesada desaceleração tanto da inflação quanto do crescimento econômico. O corte total promovido pelo BC foi de 850 pb ao longo de dois anos: a Selic caiu de 19,75%, em agosto de 2005, para 11,25%, em setembro de 2007. A partir dessa época, o BC manteve a taxa estável apesar da aceleração do crescimento econômico e dos choques adversos na produção doméstica de alimentos.

De fato, cabe ressaltar que, contrariamente à sua postura mantida em 2003-2005, o BC adotou uma medida mais cautelosa na condução da política monetária em 2006-2008, atuando somente quando a trajetória esperada da inflação indicava a possibilidade de não cumprimento da meta estabelecida pelo governo. Por meio dessa postura mais pragmática, o BC só voltou a elevar a Selic em abril de 2008, quando a taxa básica de juros subiu para 11,75%. O ciclo total de elevação a partir desse momento foi de 250 pbs, isto é, a Selic atingiu 13,75% em setembro de 2008.

CRISE INTERNACIONAL E RESPOSTA BRASILEIRA: 2008-09

Em 15 de setembro de 2008, o mercado financeiro mundial parou. A quebra do banco de investimento norte-americano Lehman Brothers naquela data agravou a restrição de liquidez no mercado financeiro internacional e gerou uma onda de desconfiança em torno da solvência do sistema bancário mundial. Concentrando nossa análise sobre o impacto da crise no Brasil, a quebra do Lehman Brothers marcou a entrada da economia brasileira na crise financeira internacional, porque, até aquele momento, o país tinha sido pouco atingido pelos efeitos da chamada crise *subprime* nos Estados Unidos.

O impacto imediato da crise foi uma forte e rápida contração na oferta de crédito doméstico ao final de 2008. Em curto espaço de tempo, o crédito – um insumo básico para a continuidade da produção e das vendas – teve sua oferta substancialmente reduzida. De um lado, a quebra do Lehman Brothers também intensificou a redução dos preços internacionais das *commodities* e gerou rápida contração no volume de comércio internacional, prejudicando os exportadores brasileiros. De outro, no Brasil houve grande saída de capital por intermédio de fluxos financeiros, o que, juntamente com o quadro exportador desfavorável, empurrou a taxa de câmbio real/dólar substancialmente para cima.

A combinação da depreciação cambial com a restrição de liquidez e a queda da demanda internacional por produtos brasileiros derrubou os índices de confiança dos empresários e dos consumidores, provocando uma redução da demanda doméstica. O crescimento do consumo desacelerou e o investimento caiu, uma vez que a maioria das empresas adiou ou simplesmente cancelou suas despesas de capital diante do quadro econômico bastante incerto. Assim, o resultado inevitável do *crash* financeiro mundial foi uma recessão técnica no Brasil – dois trimestres consecutivos de queda no PIB.

O governo respondeu à crise internacional com uma sequência de medidas sem precedentes na história recente do Brasil. Contrariamente ao que aconteceu durante as crises internacionais dos anos 1980 e 1990, em 2008-2009 as autoridades brasileiras adotaram medidas monetárias e fiscais anticíclicas. Seu objetivo foi evitar que a crise internacional contaminasse o sistema financeiro brasileiro e, ao mesmo tempo, recuperar o nível de atividade econômica o mais cedo possível.

Para facilitar a análise, as ações do governo podem ser divididas em três grupos. O primeiro diz respeito a ações e programas adotados antes da crise, que ajudaram a economia durante o período e continuam sendo utilizados mesmo após seu arrefecimento. O segundo refere-se a ações emergenciais empregadas durante a crise, que, por serem temporárias, tendem a expirar ou a se reduzir com o passar do tempo. O terceiro relaciona-se a novas ações estruturais do governo, que auxiliaram no combate e prosseguiram após o pior da crise ter sido superado.

Considerando as ações e os programas adotados antes da crise, cabe destacar cinco iniciativas estruturais que evitaram uma queda maior do nível de atividade econômica: o aumento da rede de proteção social, o aumento do salário mínimo, a expansão do investimento público, as desonerações programadas no PAC e na PDP e a reestruturação dos salários e do efetivo do serviço público federal.

Em primeiro lugar, conforme citado na seção anterior, desde 2003 o governo Lula vinha direcionando, em maior volume, recursos para as transferências de renda, especialmente para as famílias mais pobres. O valor total passou de 6,9% do PIB, em 2002, para 8,6% do PIB, em 2008, criando um estabilizador automático para evitar flutuações excessivas na renda disponível das famílias. Quando a crise internacional atingiu o Brasil, o governo federal decidiu manter inalteradas as transferências de renda programadas para 2009: mesmo em um quadro de queda da arrecadação, manteve seus compromissos sociais. O resultado de tal decisão foi um crescimento adicional das transferências de renda, que devem ter atingido 9,3% do PIB em 2009, ou seja, uma adição de 0,7 pp do PIB na renda disponível das famílias. O resultado mais imediato dessa política foi sustentar a demanda doméstica, sobretudo do consumo, durante o período mais grave da crise.

Em segundo lugar, a política de aumentos reais no salário mínimo também ajudou o Brasil. Como vimos na última seção, o crescimento do salário mínimo acelerou a partir de 2006. Em 2008, mesmo diante da crise internacional, o governo Lula decidiu manter os percentuais de aumento nominal do salário mínimo programados para 2009 (12%). Essa decisão aumentou as transferências de renda por meio da previdência social e do seguro-desemprego e, fundamentalmente, estabeleceu um piso mais elevado para os salários de mercado, em particular para os salários dos trabalhadores do setor informal de serviços.

Em terceiro lugar, o governo manteve inalterado seu programa de investimento. Diante da queda do investimento privado, o PAC tornou-se importante instrumento anticíclico ao longo de

2009. Em números, os investimentos da União e da Petrobras continuaram a crescer, mesmo durante a crise, atingindo 1% e 1,6% do PIB em 2009, respectivamente. Comparando com o investimento pago em 2008, o aumento nas despesas de capital por parte da União e da Petrobras devem adicionar diretamente 0,6 pp ao crescimento do PIB em 2009. De fato, com base nos números disponíveis até o terceiro trimestre de 2009, a União e a Petrobras deverão ser responsáveis sozinhas por 16% de todo o investimento realizado ao longo de 2009.

Em quarto lugar, a partir de 2007 o governo intensificou sua política de desonerações tributárias para estimular o crescimento e o investimento. Em razão das iniciativas adotadas pelo PAC e pela PDP, as desonerações programadas para 2009 atingiram 0,3 pp do PIB. Ainda em um contexto de crise, o governo decidiu manter tais desonerações, o que gerou aumento da renda disponível das empresas brasileiras em um ano de restrição de crédito e queda dos lucros.

Em quinto e último lugar, o governo Lula também decidiu manter inalterado o cronograma de reajustes salariais e contratações para o serviço público ao longo de 2009. O objetivo dessa decisão foi completar o programa iniciado em 2008 e cumprir os acordos estabelecidos com os sindicatos dos servidores públicos, bem como garantir uma forma adicional de sustentação da demanda agregada em um contexto de crise. Em consequência da desaceleração do crescimento do PIB e da concentração dos aumentos salariais em 2009, o resultado macroeconômico foi um aumento substancial na folha de pagamento da União: de 4,5% do PIB, em 2008, para 4,86 % do PIB, no acumulado em doze meses até novembro de 2009.

Em relação às medidas temporárias de combate à crise, o impacto mais imediato do *crash* financeiro mundial de 2008 foi uma contração na oferta de crédito no Brasil. No momento da quebra do Lehman Brothers, aproximadamente 20% da oferta de crédito doméstico tinha como fonte de financiamento a captação de recursos no mercado externo. A crise no mercado mundial fechou essa fonte de captação e resultou em uma queda imediata da oferta de crédito da economia no fim de 2008. Em paralelo, a corrida mundial para a liquidez, sobretudo para títulos do Tesouro norte-americano, resultou em uma saída substancial de capital. Somente no último quadrimestre de 2008 houve uma saída líquida de US$ 27 bilhões do Brasil em fluxos financeiros, o que acabou por ajudar a pressionar a taxa de câmbio para cima.

A ocorrência de vultosas perdas patrimoniais em algumas grandes empresas brasileiras foi um dos principais efeitos colaterais da forte depreciação do real no fim de 2008. Em um episódio contraintuitivo e raro na história econômica, a depreciação do real naquela ocasião acabou ameaçando a solvência de alguns grandes exportadores – exatamente o contrário do esperado em uma análise econômica tradicional. A causa dessa anomalia brasileira está nas taxas de juros excepcionais, uma vez que, no período anterior à crise, se tornou altamente rentável aos exportadores fazer operações de arbitragem de taxas de juros, usando suas receitas externas como base para operações excessivamente alavancadas no mercado de derivativos. Assim, quando a crise se agravou e o real se depreciou, os "exportadores especuladores" sofreram vertiginosas perdas em suas operações especulativas. Isso piorou ainda mais o clima de negócios e intensificou a aversão ao risco no sistema bancário nacional.

A resposta imediata do governo à contração de crédito foi providenciar uma expansão da liquidez tanto em moeda estrangeira quanto em moeda nacional. Na esfera cambial, o BC utilizou parte de suas reservas internacionais para vender dólares no mercado à vista e oferecer linhas de financiamento de curto prazo para as exportações. Duas ações complementadas por operações de *swaps*, nas quais o BC vendeu dólares e comprou reais para atenuar a pressão pela depreciação da moeda nacional. Ainda que não pudessem compensar o movimento maciço de saída de capital do Brasil e de especulação contra as moedas dos países emergentes, as ações do BC foram bem-sucedidas por manter um nível mínimo de liquidez no mercado cambial.

Durante o pior momento da crise, as intervenções totais do BC totalizaram US$ 14,5 bilhões no mercado à vista, US$ 24,4 bilhões no financiamento às exportações e US$ 33 bilhões em *swaps* cambiais. Cabe ressaltar que tais operações só foram possíveis porque, antes da crise, o Brasil havia acumulado cerca de US$ 210 bilhões em reservas internacionais. Com o passar do tempo, à medida que a crise arrefeceu e a situação no mercado de câmbio se inverteu, as operações emergenciais do BC puderam ser revertidas rapidamente, o que ocorreu no segundo semestre de 2009.

No âmbito doméstico, o BC reduziu rapidamente os depósitos compulsórios do sistema bancário e injetou 3,3% do PIB no mercado bancário ao final de 2008. Porém, como a Selic permaneceu alta e o clima de incerteza se acentuou nesse período, os bancos resistiram a emprestar os recursos liberados pelo BC, preferindo direcioná-los para operações compromissadas com a própria autoridade monetária. Assim, a maior parte da redução do compulsório bancário foi reabsorvida pelo próprio BC, mediante operações de mercado aberto.

O principal resultado da redução no compulsório bancário foi evitar o contágio da crise internacional no mercado interbancário brasileiro. Inicialmente a maioria das reservas recentemente liberadas acabou nos grandes bancos, sobretudo nos grandes bancos públicos, que, por terem garantia implícita do governo, tendem a atrair mais depósitos em momentos de intensa aversão ao risco. Para amenizar essa "fuga para a qualidade", o BC complementou a redução no compulsório com medidas de incentivo para os grandes bancos adquirirem carteiras de bancos menores. As duas ações funcionaram razoavelmente bem e possibilitaram ao Brasil atravessar o pior momento da crise sem nenhuma quebra de instituição bancária nacional.

A redução do compulsório evitou o aprofundamento da crise, mas não foi suficiente para estimular a recuperação do crédito. Era necessário alguma instituição pública assumir a liderança desse processo e, em consequência de restrições legais, o BC tinha pouco espaço para estimular o crédito diretamente por meio de redesconto de títulos privados. Em outras palavras, o BC não podia atuar efetivamente como emprestador de última instância para o setor privado não bancário. Veio dos bancos públicos a solução: começaram a atuar como um emprestador de penúltima instância durante a fase mais grave da contração do crédito.

Mais especificamente, no começo de 2009, a União concedeu linha de crédito de 3,3% do PIB ao BNDES, que, por sua vez, ofereceu um conjunto de linhas especiais de crédito de curto prazo ao setor produtivo. Em complemento à ação do BNDES, a União também ofereceu incentivos financeiros, na forma de equalização de taxa de juros, ao Banco do Brasil e à Caixa Econômica Federal. Assim, esses bancos públicos puderam oferecer linhas de crédito, especialmente capital de giro, para os setores com maior dificuldade de liquidez, como a agropecuária, a construção civil, a produção de insumos básicos e a produção e venda de bens de consumo duráveis.

Por fim, para compensar a forte desaceleração da concessão de crédito pelas instituições privadas, o governo federal também orientou seus bancos comerciais a adotar uma estratégia mais agressiva durante a crise – aumentar a concessão de crédito e reduzir seus *spreads* de taxa de juros para ganhar maior participação no mercado. Considerando a fase mais crítica da crise, entre setembro de 2008 e julho de 2009, os bancos públicos aumentaram sua oferta de crédito em 33%, enquanto as instituições privadas nacionais cresceram 4%, e as instituições estrangeiras, 1,5%.

A política monetária anticíclica incluiu, igualmente, um corte substancial na taxa Selic, mas isso ocorreu somente quando o temor do BC sobre o impacto inflacionário da depreciação do real cedeu espaço à preocupação generalizada do governo com a queda abrupta do nível de atividade econômica. Como mencionamos, em setembro de 2008, o BC elevou a Selic para 13,75%. Nos meses subsequentes, ela permaneceu constante em razão dos temores do BC de que uma redução alimentasse a especulação contra o real, e de que a elevação da taxa de câmbio viesse a aumentar demasiadamente a inflação. Somente no início de 2009, quando ficou evidente que tais temores eram infundados, o BC começou a reduzir a Selic. O corte total foi de 400 pb, deixando a Selic em 8,75% em meados de 2009. A taxa real de juros caiu para cerca de 5,0% ao ano no terceiro trimestre de 2009 e, dada a defasagem temporal entre a redução da Selic e seu impacto sobre o nível de atividade, a ação do BC deverá ter maior impacto sobre o crescimento da economia no início de 2010.

O atraso da política monetária em estimular a recuperação econômica foi compensado pela política fiscal. Além das ações estruturais anteriormente citadas, o governo implementou uma série de desonerações tributárias temporárias para estimular as vendas e o consumo. Essas desonerações começaram já no final de 2008, com a redução do IPI para o setor automotivo, e tiveram por objetivo evitar a acumulação excessiva de estoques na indústria. No curso de 2009, a mesma lógica foi estendida para o setor de bens de consumo duráveis, material de construção, bens de capital, motocicletas, móveis e alguns itens alimentícios. O custo inicial do conjunto de desonerações temporárias atingiu 0,3% do PIB em 2009. O custo final das desonerações foi menor do que isso, uma vez que o aumento da produção e das vendas induzido pelas desonerações acelerou a retomada do crescimento econômico e a arrecadação dos demais impostos e contribuições federais.

Para evitar a adoção de políticas pró-cíclicas na esfera municipal e na estadual, a ação do governo federal também incluiu transferências orçamentárias extraordinárias para os governos estaduais e municipais ao longo de 2009. Elas foram implementadas basicamente de duas formas: o governo federal não só assumiu o compromisso de manter estável o valor nominal das transferências constitucionais a estados e municípios, repetindo o valor em 2008 apesar da queda da arrecadação federal verificada em 2009, como também assumiu uma parcela maior dos investimentos realizados em conjunto com os governos regionais, reduzindo a necessidade de despesas de capital por parte de estados e municípios. O total de assistência por meio desses dois canais deve ter atingido aproximadamente 0,2% do PIB em 2009.

As ações temporárias do governo igualmente incluíram o aumento do período de concessão e do valor do seguro-desemprego, bem como promoveram a equalização de taxa de juros para investimentos em máquinas e equipamentos contratados em 2009. A primeira ação foi adotada com o objetivo de reduzir a perda de renda dos trabalhadores nos setores mais atingidos pela crise, sobretudo no setor da indústria. A segunda medida, aplicada em meados de 2009, teve por finalidade oferecer incentivo financeiro, na forma de uma taxa real de juros igual a zero, para o setor privado não adiar investimentos. Até o momento, as duas iniciativas funcionaram bem: houve uma elevação modesta na renda disponível dos trabalhadores, e o investimento privado em máquinas e equipamentos voltou a crescer fortemente no final de 2009.

As ações fiscais do governo demandaram um ajuste das metas fiscais estabelecidas para 2009. Para acomodar a expansão do gasto público e a redução da receita tributária, ao longo do ano o governo alterou as metas de resultado primário do setor público da seguinte forma: a Petrobras foi retirada do cálculo do resultado primário para liberar o aumento do investimento por parte da empresa; a meta para 2009 foi reduzida de 3,3% para 2,5% do PIB antes do investimento público e de 2,8% para 1,6% do PIB após o investimento público; a meta para 2010 foi mantida em 3,3% antes do investimento público, mas reduzida de 2,8% para 2,6% do PIB após o investimento.

Até o momento, o impacto fiscal das ações do governo foi moderado – houve uma piora no resultado fiscal e na dívida pública, conforme se esperava, mas em extensão bem menor que a verificada em outras economias do mundo. Em números, o déficit público acumulado em 12 meses aumentou de 1,9% do PIB, no fim de 2008, para 4,1% do PIB, em novembro de 2009. A dívida pública subiu de 40,5% do PIB, em agosto de 2008, para 43,0% do PIB, em novembro de 2009. Um aspecto fundamental dessa análise: com base nas taxas de inflação, crescimento e juros esperadas para 2010-2011, a economia brasileira necessitará de um superávit primário de 1,5% do PIB para manter a dívida líquida do setor público estável em relação ao PIB. Como as metas revisadas para 2010-2011 se situam bem acima de tal piso, a dívida líquida do setor público voltará, já a partir de 2010, a cair em relação ao PIB.

Vamos nos deter nas novas ações estruturais adotadas durante a crise. O governo antecipou algumas medidas que estavam na agenda de política econômica para combater os efeitos do *crash* financeiro de 2008. Em linhas gerais, as três principais iniciativas foram a revisão nas alíquotas do Imposto de Renda sobre a Pessoa Física (IRPF), o lançamento de um programa habitacional direcionado aos mais pobres e à classe média baixa e uma mudança no patamar da taxa real de juros da economia.

Houve uma mudança no sistema do imposto de renda, que, até 2008, continha apenas três alíquotas: zero, 15% e 27,5%. Ao final daquele ano, o governo decidiu implementar uma alteração permanente, introduzindo duas alíquotas intermediárias. Assim, o sistema passou a contar com cinco alíquotas: zero, 7,5%, 15%, 22% e 27,5%. As novas alíquotas e suas correspondentes faixas de renda foram introduzidas de modo a não aumentar a carga tributária sobre as pessoas físicas: a mudança representou uma desoneração tributária, sobretudo para a classe média baixa. Em termos macroeconômicos, essa mudança representou uma injeção de 0,2% do PIB na renda disponível das famílias ao longo de 2009.

A segunda iniciativa estrutural adotada foi o programa habitacional Minha Casa, Minha Vida, direcionado à construção de um milhão de novas residências, cujo subsídio total equivale a 1,2% do PIB, a ser concedido ao longo de até três anos. Em linhas gerais, o novo programa consiste de cinco iniciativas. A primeira relaciona-se a um fundo do governo que contratará a construção de 400 mil residências e, quando o projeto estiver completo, o fundo será repassado a unidades de famílias mais pobres, cobrando em troca prestações simbólicas por cinco anos. A construção das 400 mil unidades será realizada pelo setor privado, desde que a empresa contratada atenda às especificações de construção e aos valores preestabelecidos pelo governo. A segunda iniciativa: o governo, juntamente com o FGTS, concederá subsídios na entrada e nas taxas de juros em financiamentos imobiliários do FGTS para famílias de baixa renda. Essa linha do programa tem por objetivo viabilizar a construção de 600 mil residências por meio do desempenho do mercado. O financiamento será negociado diretamente entre as famílias e os bancos, com papel destacado para a Caixa Econômica Federal. A terceira: o governo federal reduziu os tributos indiretos incidentes sobre a construção de casas populares, com o fim de diminuir o valor total a ser financiado e, dessa forma, aumentar a população com acesso ao crédito imobiliário a taxas subsidiadas. A quarta: o governo também criou uma linha de crédito especial, com período de carência e taxas de juros mais favoráveis do que as de mercado, para incentivar o investimento privado em infraestrutura urbana associada a grandes projetos habitacionais. A quinta e última iniciativa: o BNDES criou uma linha especial de crédito para incentivar a adoção de modernas técnicas de construção, em particular a de escala industrial, cujo objetivo é ampliar a produtividade e reduzir os preços das novas residências populares.

O novo programa habitacional é parte crucial da estratégia de desenvolvimento adotada pelo governo Lula. Além de possibiliar o acesso de famílias de baixa renda à habitação, é também um instrumento poderoso de estímulo à recuperação econômica, incentivando a produção de um setor intensivo em trabalho e em insumos produzidos no país. De fato, após o lançamento do programa Minha Casa, Minha Vida, o setor de construção residencial voltou a crescer e deve se tornar um dos líderes da expansão econômica em 2010.

Cabe frisar, ainda, que, ao longo de 2009, a capacidade do Brasil de absorver os impactos da crise internacional e de se recuperar rapidamente melhorou a percepção dos mercados em relação ao país. De fato, desde o início de 2008, o Brasil ascendeu na categoria de "grau de investimento" segundo a análise das principais agências internacionais de avaliação de risco e, a partir do segundo semestre de 2009, voltou a receber grande quantidade de investimentos externos. O retorno da entrada de capital estrangeiro, ao lado da recuperação mundial dos preços das *commodities*, resultou na apreciação do real no final de 2009, uma contribuição significativa para a redução da inflação.

No âmbito doméstico, a redução no nível de atividade econômica ainda contribuiu para a desaceleração da inflação ao longo de 2009, permitindo ao BC reduzir a Selic a níveis jamais vistos desde a criação do real. Parte da redução da taxa Selic é temporária, fruto da queda do nível de atividade econômica e da apreciação do real, mas outra parte pode ser permanente, graças ao bom desempenho da economia brasileira durante a crise. Em números, antes da crise, a taxa real de juros do Brasil estava flutuando entre 7% e 9% ao ano. Imediatamente após a crise, a taxa real caiu para 5% e, de acordo com as expectativas do mercado, provavelmente irá flutuar entre 5% e 7% nos próximos anos. Assim, um dos efeitos da crise internacional pode ser uma redução permanente do patamar da taxa real de juros do Brasil.

Um ano após a quebra do Lehman Brothers e de diversas ações por parte do governo federal, a economia voltou a crescer consistentemente. As ações do governo e a evolução da conjuntura internacional fizeram o Brasil atravessar a fase mais crítica da crise sem desestabilizar sua economia. Contrariamente às expectativas pessimistas prevalecentes no final de 2008, a taxa de desemprego no Brasil não subiu muito, os salários e os empregos voltaram a crescer e a confiança dos consumidores e dos empresários se recuperou rapidamente no ano seguinte. Assim, apesar da intensidade da crise, o Brasil pode retomar seu patamar de crescimento pré-crise já em 2010.

BALANÇO GERAL

Uma avaliação global da política econômica do governo Lula será necessariamente incompleta da perspectiva em que escrevemos. A seguir, faremos a abordagem de alguns aspectos mais relevantes em relação à política econômica do período 2003-2009, procurando fazer um balanço geral.

No início de 2003, o Brasil procurou consolidar algumas das medidas de política econômica experimentadas na década anterior, especialmente a partir de 1999. Em um primeiro momento, a manutenção da nova administração do tripé taxa flutuante de câmbio, regime de metas de inflação e superávits primários procurou demonstrar que não se buscavam soluções mágicas para os velhos problemas. Principal preocupação da década anterior, a inflação cedeu paulatinamente: o IPCA anual declinou de um máximo de 12,5%, em 2002, para um mínimo de 3,1%, em 2006. Entretanto, a necessidade de um ajuste em 2003 também tolheu em princípio as condições para um crescimento maior, que parecia, então, fora do alcance. Feito o ajuste e explicitados os programas de transferência de renda como linhas mestras do governo, o país experimentou uma diminuição das incertezas dos agentes, respaldada pela crescente capacidade de cumprir suas obrigações financeiras. Esse clima favorável nos negócios, aliado à situação muito positiva nos mercados internacionais, permitiu à economia transitar sem sobressaltos para um novo patamar de crescimento. Contudo, devemos enfatizar que a transição foi fruto de uma escolha que procurou aliar o crescimento à inclusão social: uma opção por incluir sem abdicar do crescimento e da estabilidade.

No fim das contas, os resultados dos programas de transferência de renda foram além da necessária melhoria das condições de sobrevivência para milhões de brasileiros. A política de inclusão social, altamente meritória por si mesma, terminou por evidenciar as possibilidades do crescimento apoiado no mercado doméstico e na expansão da demanda agregada. As transferências de renda mediante o programa Bolsa Família, aliadas aos aumentos reais do salário mínimo (outra opção consciente) e à expansão horizontal do crédito, igualmente ajudaram a estruturar um mercado de consumo capaz de dar sustentação ao ciclo de crescimento. O início da caminhada para uma redução consistente da desigualdade foi, assim, o fator que permitiu compor um novo e benigno cenário de crescimento para a economia nacional.

Isso deslocou o eixo da política econômica do país de maneira que os constrangimentos (reais e imaginários) das décadas anteriores pudessem ser, afinal, superados.

A melhoria das contas públicas e a redução da vulnerabilidade externa – as reservas quadruplicaram entre 2003 e 2008 – permitiram independência do Brasil em relação aos organismos financeiros internacionais (foi fundamental no processo o pagamento da dívida com o FMI). E a opção estratégica fundamental de apostar no crescimento, em vez de radicalizar a incerta proposta do ajuste fiscal contracionista, baseada nos cânones neoliberais, terminou sendo validada com base em resultados imediatos.

Ressaltamos que foi imprescindível a opção pragmática de atuar com medidas de incentivo fiscal e monetário conjuntamente com as transferências de renda e com o aumento do investimento público. No conjunto, tais medidas macroeconômicas recuperaram de modo saudável o papel do Estado, tanto mais saudável quando observamos a pronta reação à crise internacional. Em um círculo virtuoso, a aceleração do crescimento terminou por viabilizar o aumento dos lucros e dos salários, gerando mais empregos nos setores formais e aumentando a produtividade. Novo ciclo de investimentos pôde então ser lançado, com expansão da capacidade produtiva acima do que se julgava ser o limite dado pelo produto potencial da economia, simultaneamente a uma diminuição constante da inflação. Isso fez com que, desde 2005, o crescimento do investimento e o consumo superassem o crescimento do PIB, com controle simultâneo da inflação.

Fundamental para qualquer análise do período é a recuperação da postura mais ativa do Estado na promoção do desenvolvimento econômico. O desequilíbrio e a incerteza, inerentes ao crescimento econômico, demandaram um papel indutor e regulador mais consciente do Estado, especialmente na formatação das expectativas de investimento para o longo prazo. O reconhecimento da necessidade de um papel mais ativo do Estado, com a recuperação progressiva da capacidade de investir em áreas estratégicas foi, e continua a ser, imprescindível. Isso implicou o Estado assumir responsabilidades que se julgavam, durante a hegemonia neoliberal recente, alheias a suas esferas de atuação.

A superação de dogmas recentes encontra paralelos em momentos nos quais os Estados das economias capitalistas centrais optaram pela ruptura de seus modelos de atuação, opções que foram ratificadas pelo crescimento econômico subsequente e pela constituição do arcabouço de bem-estar nessas nações. Assim foi, por exemplo, com a G.I. Bill (1944) e com o Employment Act (1946), dos Estados Unidos, quando o governo se responsabilizou pelo bem-estar econômico, noção tida por despropositada poucos anos antes, ainda durante a Grande Depressão. Essa legislação entronizou a declaração de Roosevelt feita em 1944, no famoso Discurso das Quatro Liberdades. Ali, Roosevelt havia declarado que a liberação da necessidade era uma responsabilidade pública. Na legislação seguinte, ratificou-se um consenso que ajudou a sustentar o crescimento norte-americano do pós-guerra. O mesmo se deu na estruturação do estado de bem-estar britânico após a guerra. A estratégia trabalhista procurou reduzir radicalmente as ineficiências e desigualdades do mercado, por meio de legislação que abrangeu seguridade social, serviços de saúde nacional, habitação e educação, além de assegurar que produção e distribuição operassem de modo compatível com um mundo mais igualitário.

O que se observa é que, em determinados momentos históricos particulares, alguns governos adotam medidas que redesenham, nos anos subsequentes, as opções de política econômica, validando alternativas que se tornam, a partir dali e por um longo período, consensuais. Em meados do século passado, no Brasil, tivemos a montagem do Estado desenvolvimentista, no governo de Getúlio Vargas, e o período de busca do desenvolvimento acelerado, com o Plano de Metas de Juscelino Kubitschek, que colocaram o desenvolvimento nacional em novo enquadramento. A reavaliação de valores, muitas vezes produto do pragmatismo político, leva ao deslocamento do espaço das políticas macroeconômicas. No Brasil, a inflexão no rumo de políticas mais desenvolvimentistas partilhou desse caráter redefinidor ao incorporar na agenda atual um crescimento mais inclusivo.

Enfatizamos o caráter de "opção" das políticas desenvolvimentistas, pois escolhas podem – e devem – ser feitas sobre propostas políticas macroeconômicas, para estruturar e regular setores, induzindo e direcionando o crescimento. É também fundamental reconhecer o papel dos governos de "testar os limites", ou seja, prospectar as maneiras pelas quais o avanço pode ocorrer, sem se fazer refém de axiomas e modelos que negam, de antemão, a possibilidade de políticas macroeconômicas que integrem inclusão e desenvolvimento.

Por fim, o governo Lula demonstra, no âmbito da política econômica, as imensas oportunidades abertas ao desenvolvimento nacional por meio de uma experimentação responsável. Costuma-se dizer que "nenhuma armadilha é tão mortal quanto aquela que preparamos para nós mesmos". Dessa forma, podemos concluir que a análise do período evidenciou a existência de que o país tem grande capacidade de escapar das limitações autoimpostas.

Anexos

TABELA 1 - Balanço de pagamentos em US$ milhões

	2002	2003	2004	2005	2006
Transações Correntes	-7.637	4.177	11.679	13.985	13.643
Balanço Comercial	13.121	24.794	33.641	44.703	46.457
Exportações de bens	60.362	73.084	96.475	118.308	137.807
Importações de bens	-47.240	-48.290	-62.835	-73.606	-91.351
Balanço de Serviços	-4.957	-4.931	-4.678	-8.309	-9.640
Viagens	-398	218	351	-858	-1.448
Transportes	-1.959	-1.590	-1.986	-1.950	-3.126
Demais serviços	-2.601	-3.559	-3.042	-5.500	-5.067
Rendas	-18.191	-18.552	-20.520	-25.967	-27.480
Salários e ordenados	102	109	181	214	177
Lucros e dividendos	-5.162	-5.640	-7.338	-12.686	-16.369
Juros	-13.130	-13.020	-13.364	-13.496	-11.289
Transferências unilaterais	2.390	2.867	3.236	3.558	4.306
Conta Capital	433	498	372	663	869
Conta Financeira	7.571	4.613	-7.895	-10.127	15.430
Investimento direto	14.108	9.894	8.339	12.550	-9.380
Brasileiro no exterior	-2.482	-249	-9.807	-2.517	-28.202
Estrangeiro no Brasil	16.590	10.144	18.146	15.066	18.822
Investimento em carteira	-5.119	5.308	-4.750	4.885	9.081
Brasileiro no exterior	-321	179	-755	-1.771	6
Estrangeiro no Brasil	-4.797	5.129	-3.996	6.655	9.076
Derivativos	-356	-151	-677	-40	41
Outros investimentos	-1.062	-10.438	-10.806	-27.521	15.688
Erros e omissões	-66	-793	-1.912	-201	628
Saldo do balanço de pagamentos	302	8.496	2.244	4.319	30.569
	2007	**2008**	**2009**	**2003-05**	**2006-08**
Transações Correntes	-7.637	4.177	11.679	13.985	13.643
Balanço Comercial	13.121	24.794	33.641	44.703	46.457
Exportações de bens	60.362	73.084	96.475	118.308	137.807
Importações de bens	-47.240	-48.290	-62.835	-73.606	-91.351
Balanço de Serviços	-4.957	-4.931	-4.678	-8.309	-9.640
Viagens	-398	218	351	-858	-1.448
Transportes	-1.959	-1.590	-1.986	-1.950	-3.126
Demais serviços	-2.601	-3.559	-3.042	-5.500	-5.067
Rendas	-18.191	-18.552	-20.520	-25.967	-27.480
Salários e ordenados	102	109	181	214	177
Lucros e dividendos	-5.162	-5.640	-7.338	-12.686	-16.369
Juros	-13.130	-13.020	-13.364	-13.496	-11.289
Transferências unilaterais	2.390	2.867	3.236	3.558	4.306
Conta Capital	433	498	372	663	869
Conta Financeira	7.571	4.613	-7.895	-10.127	15.430
Investimento direto	14.108	9.894	8.339	12.550	-9.380
Brasileiro no exterior	-2.482	-249	-9.807	-2.517	-28.202
Estrangeiro no Brasil	16.590	10.144	18.146	15.066	18.822
Investimento em carteira	-5.119	5.308	-4.750	4.885	9.081
Brasileiro no exterior	-321	179	-755	-1.771	6
Estrangeiro no Brasil	-4.797	5.129	-3.996	6.655	9.076
Derivativos	-356	-151	-677	-40	41
Outros investimentos	-1.062	-10.438	-10.806	-27.521	15.688
Erros e omissões	-66	-793	-1.912	-201	628
Saldo do balanço de pagamentos	302	8.496	2.244	4.319	30.569

Fonte: Banco Central do Brasil.

TABELA 2 - Dívida externa e reservas internacionais em US$ milhões e indicadores de solvência externa								
	2002	2003	2004	2005	2006	2007	2008	2009
Dívida Total (A)	210.711	214.929	201.374	169.450	172.589	193.219	198.340	202.505
Dívida Total do Setor Público (B)	125.245	135.689	132.259	100.284	89.245	85.956	84.160	96.322
Dívida Total do Setor Privado (C)=(A)-(B)	85.466	79.240	69.115	69.166	83.344	107.263	114.180	106.183
Reservas Internacionais - conceito liquidez (D)	37.823	49.296	52.935	53.799	85.839	180.334	206.806	239.054
Créditos Brasileiros no Exterior (E)	2.798	2.915	2.597	2.778	2.939	2.894	2.657	2.435
Haveres de Bancos Comerciais (F)	5.090	11.726	10.140	11.790	8.990	21.938	16.560	22.188
Dívida Total Líquida (G)=(A)-(D)-(E)-(F)	164.999	150.993	135.702	101.082	74.821	-11.948	-27.683	-61.172
Indicadores de solvência								
Dívida Total/PIB	41,8	38,8	30,3	19,2	15,8	14,1	12,1	12,9
Dívida Total Líquida/PIB	32,7	27,3	20,4	11,5	6,9	-0,9	-1,7	-3,9
Reservas (liquidez)/Dívida Total (%)	18	22,9	26,3	31,7	49,7	93,3	104,3	118,0
Fonte: Banco Central do Brasil.								

TABELA 3 - Inflação, crescimento do PIB, taxa de juros e taxa de câmbio								
	2002	2003	2004	2005	2006	2007	2008	2009
IPCA	12,53	9,30	7,60	5,69	3,14	4,46	5,90	4,31
IGP-DI	26,41	7,66	12,13	1,23	3,80	7,90	9,11	-1,44
IPA	35,41	6,27	14,68	-0,96	4,31	9,43	9,80	-4,09
IPC	12,15	8,92	6,28	4,93	2,06	4,61	6,07	3,93
INCC	12,87	14,42	11,04	6,83	5,04	6,16	11,86	3,25
PIB (R$ milhões)	1.477.822	1.699.948	1.941.498	2.147.238	2.369.797	2.661.344	3.004.881	3.071.767
PIB (var.% real)	2,7	1,1	5,7	3,2	4,0	6,1	5,1	-1,0
PIB (var.% deflator)	10,6	13,7	8,0	7,2	6,2	5,9	7,4	6,0
PIB per capita (Em R$ de 2008)	13.326	13.295	13.871	14.131	14.520	15.232	15.847	15.531
PIB per capita (var.% real)	1,2	-0,2	4,3	1,9	2,7	4,9	4,0	-2,0
Taxa Selic - fim de período	25,00	16,50	17,75	18,00	13,25	11,25	13,75	8,75
Taxa Selic - média de período	19,09	23,26	16,25	19,05	15,08	11,88	12,48	9,92
Taxa de Câmbio Nominal - fim de período	3,53	2,89	2,65	2,34	2,14	1,77	2,34	1,74
Taxa de Câmbio Nominal - média de período	2,93	3,07	2,93	2,43	2,18	1,95	1,84	2,00
Taxa Real Efetiva de Câmbio - média de período (jun/94=100)	133,63	138,41	136,16	111,03	99,25	92,09	88,80	87,81

Fonte: Banco Central do Brasil, IBGE e FGV; * observações: (i) os números do PIB para 2009 se referem aos valores acumulados em quatro trimestres até setembro/09.

A inflexão do governo Lula: política econômica, crescimento e distribuição de renda

TABELA 4 - Necessidade de financiamento do fetor fúblico (números "abaixo da linha"), em % do PIB

	2002	2003	2004	2005	2006	2007	2008	2009 Acumulado em 12 meses até novembro
Resultado Primário	-3,21	-3,34	-3,80	-3,93	-3,24	-3,37	-3,54	-1,40
Governo Central	-2,16	-2,28	-2,70	-2,60	-2,17	-2,23	-2,37	-0,64
Estados e Municípios	-0,72	-0,81	-0,90	-0,99	-0,83	-1,12	-1,02	-0,68
Empresas Estatais	-0,33	-0,25	-0,20	-0,34	-0,24	-0,01	-0,15	-0,08
Juros Nominais (sem desvalorização cambial)	7,63	8,47	6,59	7,31	6,78	6,06	5,45	5,54
Governo Central	2,84	5,94	4,09	6,01	5,31	4,47	3,20	4,91
Estados e Municípios	4,20	2,40	2,65	1,25	1,53	1,60	2,19	0,61
Empresas Estatais	0,59	0,14	-0,15	0,06	-0,06	-0,02	0,06	0,02
Resultado Nominal	4,42	5,13	2,79	3,38	3,54	2,69	1,90	4,14
Governo Central	0,68	3,66	1,39	3,41	3,14	2,24	0,83	4,27
Estados e Municípios	3,48	1,59	1,75	0,25	0,70	0,48	1,17	-0,07
Empresas Estatais	0,26	-0,11	-0,35	-0,28	-0,30	-0,03	-0,10	-0,06

Fonte: Banco Central do Brasil.

TABELA 5 - Resultado primário do governo federal (números "acima da linha"), em % do PIB								
	2002	2003	2004	2005	2006	2007	2008	2009 Ac. em 12 meses até novembro
Receita Primária Bruta	21,66	20,98	21,61	22,74	22,93	23,25	23,85	23,50
Transferências para Estados e Municípios	3,8	3,54	3,48	3,91	3,92	3,97	4,43	4,14
Receita Primária Líquida	17,86	17,44	18,13	18,84	19,02	19,29	19,42	19,36
Despesas Primárias	15,71	15,13	15,59	16,38	16,96	17,11	16,57	18,32
Pessoal e Encargos Sociais	4,81	4,46	4,31	4,3	4,45	4,37	4,35	4,86
Transferências de Renda às Famílias **	6,89	7,23	7,62	8,06	8,42	8,51	8,22	9,01
Benefícios Previdenciários	5,96	6,3	6,48	6,8	6,99	6,96	6,64	7,17
Abono e Seguro-Desemprego	0,48	0,47	0,49	0,53	0,62	0,67	0,68	0,85
Benefícios Assistenciais (LOAS e RMV) **	0,26	0,26	0,39	0,43	0,49	0,53	0,53	0,6
Bolsa Família	0,19	0,19	0,27	0,3	0,32	0,34	0,36	0,39
Investimentos	0,83	0,31	0,47	0,48	0,64	0,72	0,87	0,99
Demais Despesas	3,18	3,13	3,19	3,54	3,44	3,51	3,13	3,54
Resultado Primário "acima da linha" sem Fundo Soberano do Brasil	2,15	2,31	2,54	2,46	2,06	2,17	2,85	1,05
Fundo Soberano do Brasil	0,00	0,00	0,00	0,00	0,00	0,00	0,47	0,53
Resultado Primário "acima da linha" com Fundo Soberano do Brasil	2,15	2,31	2,54	2,46	2,06	2,17	2,38	0,52
Discrepância estatística e ajuste metodológico	0,01	-0,03	0,16	0,14	0,11	0,06	-0,01	0,12
Resultado Primário "abaixo da linha"	2,16	2,28	2,70	2,60	2,17	2,23	2,37	0,64
Receita Primária Líquida, excluindo Transferências de Renda às Famílias	10,97	10,2	10,51	10,78	10,6	10,78	11,2	10,36

Fonte: Ministério da Fazenda, SPE.

TABELA 6 - Dívida pública, em % do PIB								
	2002	2003	2004	2005	2006	2007	2008	2009 Posição de novembro
Dívida Líquida do Setor Público	51,32	53,53	48,23	47,99	45,89	42,82	37,34	42,97
Dívida Líquida Interna	37,72	42,37	40,52	44,71	46,94	49,84	47,98	52,19
Base Monetária	4,20	4,20	4,36	4,69	4,99	5,23	4,78	5,07
Demais	47,12	49,33	43,88	43,29	40,90	37,60	32,57	37,90
Dívida Líquida Externa	13,60	11,16	7,71	3,27	-1,05	-7,01	-10,64	-9,22

Fonte: Banco Central do Brasil.

TABELA 7 - Salário e emprego	2002	2003	2004	2005	2006	2007	2008	2009*
Salário mínimo nominal, valor no final do ano em R$	200,00	240,00	260,00	300,00	350,00	380,00	415,00	465,00
Variação %	11,11	20,00	8,33	15,38	16,67	8,57	9,21	12,05
Salário mínimo nominal, média anual em R$	195,00	230,00	253,33	286,67	337,50	372,50	409,17	460,83
Variação %	12,88	17,95	10,14	13,16	17,73	10,37	9,84	12,63
Salário mínimo real, índice no final do ano (dez/2002=100)	100,00	108,71	110,97	121,89	138,31	142,80	146,46	157,62
Variação %	-3,16	8,71	2,07	9,84	13,47	3,25	2,56	7,62
Salário mínimo real, índice médio no ano (dez/2002=100)	106,22	106,96	110,95	118,67	135,35	143,53	147,95	158,63
Variação %	2,55	0,70	3,72	6,96	14,06	6,04	3,08	7,22
Crescimento da massa salarial (em %)	nd	-8,73	1,58	4,22	5,94	5,81	6,88	4,29
Crescimento do emprego (em %)	nd	4,41	2,87	2,63	1,90	2,55	3,36	0,86
Crescimento do salário real (em %)	nd	-12,58	-1,28	1,53	3,96	3,19	3,39	3,42
Taxa de desemprego nas regiões metropolitanas (PME) (em %)	nd	12,32	11,48	9,83	9,98	9,29	7,89	8,08
Taxa de desemprego na região metropolitana de São Paulo (DIEESE) (em %)	18,97	19,98	18,82	17,02	15,88	14,96	13,49	13,82
Taxa de desemprego no país (PNAD)(em %)	9,16	9,73	8,90	9,31	8,42	8,15	7,14	nd

Fonte: IPEADATA; * observações: (i) o crescimento da massa salarial, do emprego e do salário para 2009 corresponde ao valor acumulado em 12 meses até novembro; (ii) a taxa de desemprego nas regiões metropolitanas (PME) e na região metropolitana de São Paulo (DIEESE) para 2009 corresponde à média de 12 meses até novembro.

TABELA 8 - Distribuição de renda

	2002	2003	2004	2005	2006	2007	2008	2009*
Índice de Gini	0,563	0,555	0,547	0,544	0,541	0,528	0,521	nd
Percentual de famílias na pobreza (IPEADATA)	34,40	35,79	33,70	30,82	26,75	24,24	22,59	nd
Percentual de famílias na pobreza - Classe E (FGV/CPS)	26,66	28,12	25,40	22,80	19,32	18,26	16,02	15,54
Distribuição de renda por decil								
Até 10	1,3	1,3	1,3	1,4	1,4	1,5	1,5	nd
Mais de 10 a 20	2,0	2,1	2,2	2,2	2,3	2,3	2,4	nd
Mais de 20 a 30	3,0	3,0	3,2	3,2	3,3	3,3	3,4	nd
Mais de 30 a 40	3,8	3,9	4,0	4,1	4,2	4,3	4,3	nd
Mais de 40 a 50	4,8	4,9	5,1	5,2	5,2	5,3	5,4	nd
Mais de 50 a 60	6,1	6,3	6,4	6,4	6,5	6,6	6,7	nd
Mais de 60 a 70	7,9	8,1	8,2	8,2	8,2	8,4	8,4	nd
Mais de 70 a 80	10,8	10,9	11,0	11,0	10,9	11,1	11,1	nd
Mais de 80 a 90	16,5	16,6	16,5	16,2	16,1	16,2	16,2	nd
Mais de 90 a 100	43,8	42,9	42,1	42,1	41,9	41,0	40,6	nd
Mais de 95 a 100	30,5	29,7	29,1	29,2	29,1	28,3	28,0	nd
Mais de 99 a 100	11,4	11,0	10,8	11,0	11,0	10,7	10,6	nd

Fonte: IBGE, IPEADATA e FGV/CPS; * observações: valor de famílias na pobreza para 2009 corresponde à estimativa preliminar da FGV/CPS, com base nos dados da pesquisa mensal de emprego do IBGE.

TABELA 9 - Necessidade de financiamento do setor público (números "abaixo da linha"), em % do PIB

	2002	2003	2004	2005	2006	2007	2008	2009* Acumulado em 12 meses até setembro
OFERTA	**2,7**	**1,1**	**5,7**	**3,2**	**4,0**	**6,1**	**5,1**	**-1,0**
Agropecuária	6,6	5,8	2,3	0,3	4,5	5,2	5,7	-4,0
Indústria	2,1	1,3	7,9	2,1	2,3	5,2	4,4	-7,1
Extrativa Mineral	11,6	4,7	4,3	9,3	4,4	3,7	4,9	-1,4
Transformação	2,4	1,9	8,5	1,3	1,1	5,4	3,2	-9,5
Construção Civil	-2,2	-3,3	6,6	1,8	4,7	4,9	8,2	-6,3
SIUP	2,9	4,0	8,4	3,0	3,5	5,4	4,8	-1,9
Serviços	3,2	0,8	5,0	3,7	4,2	6,1	4,8	1,9
Comércio	0,0	-0,5	7,5	3,5	6,0	8,4	6,1	-3,5
Transportes	2,8	-3,1	5,9	3,5	2,1	5,0	3,4	-4,2
Comunicações	5,0	4,4	5,5	4,0	1,6	7,4	8,9	6,7
Instituições Financeiras	2,3	-4,8	3,7	5,3	8,4	15,1	13,0	5,9
Outros Serviços	4,5	0,7	5,4	5,2	4,0	4,8	4,2	5,0
Aluguéis	4,4	3,4	3,9	4,7	3,0	4,9	1,6	1,0
Administração Pública	3,6	3,0	3,8	1,1	3,3	2,3	1,5	2,9
Valor Adicionado	3,1	1,2	5,6	3,0	3,7	5,8	4,8	-0,9
Impostos sobre Produtos	-0,1	0,6	6,4	4,4	5,7	7,7	7,4	-1,9
DEMANDA	**2,7**	**1,1**	**5,7**	**3,2**	**4,0**	**6,1**	**5,1**	**-1,0**
Consumo das Famílias	1,9	-0,8	3,8	4,5	5,2	6,1	7,0	3,1
Consumo do Governo	4,7	1,2	4,1	2,3	2,6	5,1	1,6	2,5
FBCF	-5,2	-4,6	9,1	3,6	9,8	13,9	13,4	-10,2
Exportações	7,4	10,4	15,3	9,3	5,0	6,2	-0,6	-10,9
Importações	-11,8	-1,6	13,3	8,5	18,4	19,9	18,0	-10,5

Fonte: IBGE.

TABELA 10 - Composição do PIB

	2002	2003	2004	2005	2006	2007	2008	2009 Acumulado em 12 meses até setembro
OFERTA	100,0	100,0	100,0	100,0	100,0	100,0	100,0	100,0
Agropecuária	5,7	6,4	5,9	4,9	4,7	4,8	5,0	5,7
Indústria	23,3	24,1	25,8	25,1	24,7	23,9	23,3	21,5
Extrativa Mineral	1,4	1,5	1,6	2,1	2,5	2,0	2,8	1,1
Transformação	14,5	15,6	16,5	15,5	14,9	14,6	13,3	13,2
Construção Civil	4,5	4,1	4,4	4,2	4,1	4,2	4,3	4,3
SIUP	2,9	3,0	3,3	3,3	3,2	3,1	2,9	2,9
Serviços	57,1	56,0	54,0	55,8	56,5	57,3	56,8	59,1
Comércio	8,8	9,2	9,5	9,6	9,9	10,4	10,6	10,2
Transportes	4,1	4,0	4,0	4,3	4,2	4,1	4,3	4,4
Comunicações	3,1	3,1	3,3	3,4	3,3	3,3	3,1	3,2
Instituições Financeiras	6,4	6,1	5,0	6,1	6,2	6,6	6,4	6,4
Outros Serviços	12,6	12,1	11,9	11,8	12,4	12,2	12,1	13,7
Aluguéis	8,8	8,3	7,8	7,7	7,4	7,3	6,9	7,4
Administração Pública	13,4	13,1	12,6	12,9	13,1	13,3	13,4	13,8
Valor Adicionado	86,1	86,5	85,8	85,8	85,9	86,0	85,1	86,3
Impostos sobre Produtos	13,9	13,5	14,2	14,2	14,1	14,0	14,9	13,7
DEMANDA	100,0	100,0	100,0	100,0	100,0	100,0	100,0	100,0
Consumo das Famílias	61,7	61,9	59,8	60,3	60,3	59,9	60,3	63,3
Consumo do Governo	20,6	19,4	19,2	19,9	20,0	20,3	19,6	19,7
FBCF	16,4	15,3	16,1	15,9	16,4	17,4	18,7	16,6
Exportações	14,1	15,0	16,4	15,1	14,4	13,4	13,8	11,7
Importações	-12,6	-12,1	-12,5	-11,5	-11,5	-11,8	-13,6	-11,6
Variação de Estoques	0,2	-0,5	-1,0	-0,3	-0,3	-0,9	-1,2	-0,3

Fonte: IBGE.

TABELA 11 - Volume de crédito e spread de taxa de juros								
	2002	2003	2004	2005	2006	2007	2008	2009
CRÉDITO BANCÁRIO (em R$ milhões)								
Total	384.396	418.259	498.722	607.023	732.589	935.972	1.227.295	1.410.340
Livre	240.209	255.642	317.917	403.707	498.331	660.810	871.178	953.150
PF	90.464	101.004	138.562	190.731	237.968	317.561	394.287	470.754
PJ	149.745	154.638	179.355	212.976	260.363	343.250	476.890	482.396
Direcionado	144.187	162.617	180.805	203.316	234.258	275.162	356.117	457.190
BNDES	93.430	100.182	110.013	124.100	138.984	159.974	209.259	280.381
Habitação	22.605	23.673	24.694	28.125	34.479	43.583	59.714	84.469
Rural	24.854	34.576	40.712	45.113	54.376	64.270	78.304	82.170
Demais	3.298	4.186	5.386	5.978	6.419	7.335	8.840	10.170
CRÉDITO BANCÁRIO (em % do PIB)								
Total	22,0	24,0	24,5	28,1	30,2	33,4	39,7	45,0
Livre	13,8	14,7	15,6	18,7	20,6	23,6	28,2	30,4
PF	5,2	5,8	6,8	8,8	9,8	11,3	12,8	15,0
PJ	8,6	8,9	8,8	9,9	10,7	12,2	15,4	15,4
Direcionado	8,3	9,3	8,9	9,4	9,7	9,8	11,5	14,6
BNDES	5,4	5,7	5,4	5,8	5,7	5,7	6,8	9,0
Habitação	1,3	1,4	1,2	1,3	1,4	1,6	1,9	2,7
Rural	1,4	2,0	2,0	2,1	2,2	2,3	2,5	2,6
Demais	0,2	0,2	0,3	0,3	0,3	0,3	0,3	0,3
Spread (média de 12 meses em pontos percentuais)								
PJ	29,99	31,86	28,03	28,42	28,47	25,35	26,56	27,22
PF	14,50	14,65	13,49	13,76	13,95	12,79	15,32	17,97
	51,37	55,60	46,21	43,18	41,30	36,27	37,64	36,39
Fonte: Banco Central do Brasil.								

MARCIO POCHMANN[1] E GUILHERME DIAS[2]

A SOCIEDADE PELA QUAL SE LUTA

No Brasil, a luta pela construção de uma sociedade superior não é recente, encontrando-se presente em diferentes momentos históricos. Na demasiadamente longa transição da antiga sociedade agrária, com mais de quatro séculos de duração, o predomínio do patrimonialismo autoritário e conservador concedeu especificidades inegáveis à tardia e incompleta conformação da estrutura social-urbano-industrial no século XX.

Na passagem para o século XXI, o projeto de desenvolvimento foi interrompido. Por meio de políticas neoliberais, o país enveredou para a construção de uma nação para poucos, em que muitos permaneceram à margem, considerados inempregáveis ou vagabundos.

Mais recentemente, no entanto, é feita no Brasil a construção de um novo projeto de sociedade para todos. Mas, para isso, há muito a fazer, passando pela consolidação de uma grande maioria política comprometida com a sustentabilidade do desenvolvimento econômico e social.

Com o objetivo de discutir o tema da sociedade pela qual se luta, a presente contribuição encontra-se dividida em três partes. A primeira trata de breve análise da construção da sociedade brasileira, suas potencialidades e anomalias.

---

1 Professor da Universidade Estadual de Campinas (Unicamp) e presidente do Instituto de Pesquisa Economica Aplicada (Ipea). Autor, entre outros, do livro O emprego na globalização (Boitempo).
2 Advogado com pós-graduação em Direito Penal Econômico pela Universidade de Coimbra.

Na segunda, discute-se a perspectiva de como e para que se luta nesta empreitada de construção de uma sociedade superior. Por fim, a terceira parte considera o projeto da sociedade para todos no Brasil neste começo do século XXI.

Qual sociedade?

Façamos um recuo no tempo, ao momento dos debates em torno da emancipação do país. José Bonifácio propunha um projeto de independência inovador, em que deveria realizar-se o abandono geral do sentido da colonização. No entanto, isso gradualmente foi encontrando obstáculos por meio da absorção das novas elites econômicas e políticas pelas tradicionais oligarquias coloniais[3]. Nas palavras de Joaquim Nabuco, à época:

> "Os homens da Regência, que entraram na vida pública ou subiram ao poder, representando a ideia de revolução, foram com a natureza dos anos restringindo as suas aspirações, aproveitando a experiência, estreitando-se no círculo de pequenas ambições e no desejo de simples aperfeiçoamento relativo, que constitui o espírito conservador"[4].

Na virada do século XIX, o rompimento com a escravidão e o nascimento da República representaram mais uma inédita oportunidade de mudanças profundas na antiquada sociedade agrária brasileira. Para os abolicionistas da época, o fim do trabalho forçado representaria apenas e tão somente a primeira de um conjunto maior de reformas que deveriam permitir a superação das instituições auxiliares da escravidão, como o monopólio territorial e a degradação do trabalho humano.

Em síntese, a construção de uma ordem social moderna deveria ter a primazia do trabalho sobre o capital, conforme eviden-

---

3 Ver mais em: SILVA, A. *Construção da nação e escravidão no pensamento de José Bonifácio*. Campinas: Editora da Unicamp, 1999. E em HOLLANDA, S. B. de. *Raízes do Brasil*. São Paulo: Companhia das Letras, 1995.

4 Ver uma abordagem mais ampla em: NABUCO, J. *Minha formação*. São Paulo: M. Claret, 2004.

ciado por Joaquim Nabuco em suas manifestações[5], bem como a democracia social integradora de raças destacada por Rui Barbosa em 1919[6]. Na passagem do final do século XIX para o XX[7], tanto o movimento abolicionista como o republicano acabaram sendo indiretamente mais alimentados pelo antagonismo à mudança e pela autodefesa do setor arcaico do que por transformações de outra natureza em curso à época no país.

A reacomodação política em torno da Primeira República logo enunciou o quanto o velho ainda se mantinha presente, enquanto o novo demoraria a apresentar-se maduro. Um problema manifestado já nos primeiros anos da instalação da República, quando práticas antigas do Império continuaram a ser sustentadas, compatíveis àquelas que ocorreram a partir da independência nacional diante da condição de colônia portuguesa[8].

A transição da antiga sociedade agrária somente ganhou maior impulso com a Revolução de 1930, quando se tornou possível a formação de uma ampla frente política, cujo espectro ideológico continha de comunistas a fascistas, todos antiliberais. Essa mesma maioria política constituída em 1930 foi a expressão maior do acúmulo das forças sociais que se encontravam até então em um plano secundário de atuação. Elas foram originadas pela eclosão de diversas revoltas regionais, greves de trabalhadores e pelo, movimento modernista, entre outras correntes.

Sem romper com o patrimonialismo e as bases da sociedade rural, o Brasil rumou para a nova sociedade urbana e industrial[9]. Em consequência, aqui foram geradas anomalias econômicas e

---

5 Para mais detalhes, ver: FREIRE, G. Introdução. *In*: NABUCO, J. *Minha formação*. 2ª ed. Brasília: Senado Federal, 2001.

6 Mais detalhes em: BARBOSA, R. *A questão social e política no Brasil*. Rio de Janeiro: FCRB, 1998.

7 Para uma visão mais ampla, conferir: MANGABEIRA, J. *Rui: o estadista da República*. Brasília: Senado Federal, 1999.

8 Detalhes em: BOMFIM, M. *Brasil nação: realidade da soberania brasileira*. 2ª ed. Rio de Janeiro: Topbooks, 1996. E ainda: OLIVEIRA VIANNA, F. *Introdução à história social da economia pré-capitalista no Brasil*. Rio de Janeiro: J. Olympio, 1958.

9 Especificidades da experiência nacional de transição da sociedade rural para a urbano-industrial foram tratadas, entre outros, por: FERNANDES, F. *A integração do negro na sociedade de classes*. São Paulo: Pioneira, 1965; e FAORO, R. *Os donos do poder*. 3ª ed. revista. São Paulo: Ed. Globo, 2001; PRADO Jr., C. *Formação do Brasil contemporâneo*. 9ª ed. São Paulo: Brasiliense, 1969.

sociais, assentadas na estranha combinação de modernidade com atraso, que nos distanciaram da realidade alcançada pelos processos de industrialização de nações desenvolvidas, como a Inglaterra, os Estados Unidos e a França, em cujo território ocorreu uma revolução burguesa.

Mesmo assim, o projeto de construção urbano-industrial foi posto em marcha. Dessa forma, o Brasil conseguiu abandonar a condição de sociedade primitiva, imposta pelas limitações da economia primário-exportadora e pelo caráter conservador do agrarismo.

Ainda que incompleto, o projeto urbano-industrial estabeleceu avanços consideráveis às forças produtivas, cada vez mais caracterizadas pela modernidade da interação social capitalista do século XX. Para que as diferentes formas de desigualdade fossem contidas, o país precisaria ter passado por reformas democráticas, no entanto elas terminariam sendo postergadas ao limite[10].

A força das transformações econômicas e sociais no Brasil, impulsionada pela maioria política que emergiu da Revolução de 1930, somente terminou por ser desconstituída 50 anos depois, por meio da crise da dívida externa, logo no início da década de 1980. Da mesma forma que o fim da escravidão implicou a queda do antigo Império no Brasil, em 1889, a saída da crise da dívida externa pelo caminho da recessão entre 1981 e 1983 – a primeira desde 1929 – acelerou o processo de transição negociada da ditadura militar para o regime democrático.

Assim, o mais bem-sucedido ciclo de expansão industrial da periferia do capitalismo mundial chegou ao fim, junto com a fragmentação da maioria política que conduziu o projeto nacional de desenvolvimento urbano-industrial entre as décadas de 1930 e 1970. Maioria essa que não foi necessariamente democrática, tendo permanecido somente 22 anos sob o regime de eleições gerais e diretas durante os 50 anos de forte expansão

---

10 Tema expresso em: FURTADO, C. *Um projeto para o Brasil*. Rio de Janeiro: Saga, 1969; OLIVEIRA, F. *A economia brasileira: crítica à razão dualista*. Estudos Cebrap, n. 2. São Paulo, 2001. MELLO, J. & NOVAIS, F. *Capitalismo tardio e sociabilidade moderna*. In: SCHWARCZ, L. (org.) *História da vida privada no Brasil*. São Paulo: Companhia das Letras, 1998.

econômica. Tampouco se mostrou engajada com a redistribuição da renda e da riqueza geradas, tendo descartado, sempre que possível, a realização das chamadas reformas civilizatórias (agrária, tributária e social), adotadas em praticamente todos os países desenvolvidos.

Por conta disso, o avanço da base material da economia terminou descolando-se do desenvolvimento social, como se o novo acabasse assumindo a continuidade do velho. Na convergência de "fugir para a frente" por meio da opção exclusivista do avanço das forças produtivas, a maioria política garantiu os elementos necessários para transformar o país da condição primário-exportadora para a de economia urbana e industrial quase completa.

Não fosse a crise da dívida externa, sucedido pelos equívocos das políticas de corte neoliberal da década de 1990, o Brasil despontaria nos dias de hoje como a terceira maior economia do mundo. Infelizmente, as duas décadas que se seguiram após a crise da dívida externa (1981 a 1983) não se mostraram suficientes para a construção de uma nova maioria política comprometida com a sustentação do desenvolvimento econômico e social.

Ao contrário, o que se viu foi a regressão de posições alcançadas nos últimos 50 anos, com o rebaixamento da posição de oitavo produto industrial, o esvaziamento da pauta de exportação, a queda relativa dos investimentos produtivos e a ascensão dos negócios financeiros, entre outros. O resultado também se traduziu na perda relativa de importância na economia mundial durante o último quartel do século XX.

No cenário econômico de baixo dinamismo, o Estado foi significativamente transformado para atender o processo da acomodação política decorrente de exigências tanto da pressão democratizante como dos interesses majoritários do rentismo. Para isso, a partir de 1980, as contas públicas sofreram excepcional ajuste, tendo a Carga Tributária Bruta (CTB) aumento de 46,1% em relação ao Produto Interno Bruto (PIB), ou 11,3 pontos percentuais a mais.

A elevação significativa da CTB não ocorreu de forma homogênea para o conjunto da população. Ao contrário, a base da pirâmide social foi a mais castigada com a elevação das taxas e contribuições, sem que houvesse a instituição de impostos progressivos, por exemplo em relação às grandes fortunas. Diferentemente dos países desenvolvidos, o Brasil ainda mantém uma estrutura tributária regressiva, o que revela sua opção preferencial pelos ricos e proprietários, já que esses segmentos são privilegiados pelo reduzido pagamento de impostos, taxas e contribuições.

A ampliação da CTB não significou, contudo, aumento da capacidade efetiva do gasto público. Isso porque é preciso contabilizar o desconto prévio de transferências sociais e subsídios e do pagamento com juros do endividamento público. Em relação ao PIB, enquanto as transferências sociais e os subsídios dobraram, o pagamento, com juros, da dívida foi multiplicado por mais de três vezes.

Com isso, a capacidade efetiva de gasto do Estado com as funções públicas tradicionais (educação, saúde, funcionalismo, custeio e, investimento, entre outras) não aumentou relativamente ao PIB, pois a relação entre a Carga Tributária Líquida (sem juros nem transferências sociais e subsídios) e o PIB foi levemente inferior à verificada em 1980. Naquele ano, por exemplo, 63% da CTB era formada por recursos comprometidos com as funções tradicionais do Estado, atualmente 42% de seu total destina-se a esse fim.

Todo esse profundo ajuste das contas públicas refletiu o dilema de um país que voltou a conviver com o regime democrático, após longos anos de autoritarismo e de crescimento econômico com exclusão social (1964-1985). A pressão social e política, derivada de demandas reprimidas durante a ditadura militar, encontrou-se diante de uma economia submetida ao baixo dinamismo das décadas de 1980 e 1990, incapaz de gerar empregos para todos e crescentemente reprodutora de regressão social.

Não foi por outro motivo que a resposta governamental às demandas reprimidas terminou sendo encaminhada por meio da elevação da carga dos tributos, mais precisamente para dar conta do aumento dos juros da dívida e das transferências e dos subsídios fiscais. Dessa forma, o Brasil impôs alguns ganhos no gasto social, especialmente a partir da Constituição Federal de 1988, com as políticas de garantia de renda (Previdência e Assistência Social, Bolsa Família etc.) e subsídios a grupos políticos organizados (abatimento de gastos privados com educação, saúde e assistência na declaração do imposto de renda).

Simultaneamente, o ciclo de duas décadas de semiestagnação na produção brasileira pós-crise da dívida externa alterou a expectativa empresarial diante da queda da taxa média de lucro. Em virtude da pressão da cúpula da pirâmide social brasileira, o Estado, por fim, promoveu e sustentou a expansão do acúmulo fictício de capital, por meio da política macroeconômica de financeirização da riqueza.

O endividamento público, alimentado por taxas reais de juros superelevadas, garantiu a transferência de cerca de 6% a 7% do PIB anual para o segmento do rentismo no país. Somente o Estado, por meio de inédita ampliação da carga tributária, conseguiu atender pressões tanto da base social, estimulada pelo regime democrático, como da cúpula da pirâmide da sociedade decorrente da queda da taxa média de lucro nos setores produtivos.

Foi nesse contexto que as políticas neoliberais se afirmaram, sobretudo a partir de 1990, possibilitando ao país que se reorganizasse para absorver somente o equivalente a não mais de um terço do conjunto da população. Sem crescimento econômico nem avanço da transmutação do Estado para prover a financeirização da riqueza, o país passou a conviver com o aumento do desemprego e da exclusão social adicionado à herança estrutural[11].

Além disso, constata-se que a elevação da carga tributária, voltada sobretudo aos pobres, não se mostrou suficiente para atender – por si só – à pressão econômica decorrente da acumulação fictícia do capital. Durante a prolongada ausência de

---

11 Mais detalhes em: CAMPOS, A. et al. *Atlas da exclusão social no Brasil*. São Paulo: Cortez, 2003; AMORIM, F. et al. *Os ricos no Brasil*. São Paulo: Cortez, 2003; GUERRA, A. et al. *Proprietários: concentração e continuidade*. São Paulo: Cortez, 2007.

expectativa de lucros econômicos excepcionais no setor produtivo, o receituário neoliberal concentrou-se na privatização do setor produtivo estatal e no esvaziamento das políticas públicas de caráter universal como forma de sustentar o processo de transferência de renda pública ao rentismo. Quando se considera o peso do pagamento de juros em relação ao PIB, o Brasil assumiu a primeira posição no mundo, o que resultou na baixa capacidade de gasto público, não obstante a expressiva Carga Tributária Bruta em relação ao PIB.

Essa situação, entretanto, sofreu significativa inflexão somente no período mais recente, com a interrupção do modelo de sociedade de um terço produzida pela condução das políticas neoliberais. A reconstrução do Estado, acompanhada de políticas macroeconômicas de viabilização da expansão produtiva e de inclusão social, tem permitido ao país voltar a se constituir como fruto de um projeto novo de desenvolvimento de sociedade para todos, como também a expressão da liderança no contexto global, por meio do seu reposicionamento econômico, social, político e ambiental.

Os indicadores de reafirmação do Brasil no mundo, relativos à sua estabilidade política e econômica, apontam também seu protagonismo na integração do desenvolvimento na região sul-americana. Além disso, a melhora recente no padrão de bem-estar dos brasileiros, com a saída da condição de pobreza de milhões de pessoas, e a redução na desigualdade da renda no interior do mundo do trabalho confirmam o compromisso geral hoje alcançado que não deveria ser interrompido por mudanças governamentais.

Tudo isso, contudo, pressupõe ainda a consolidação de uma ampla maioria política comprometida com o processo de transformação da sociedade, em torno da utopia da construção de seu estágio superior, ao cabo da transição em curso da economia urbano-industrial para a pós-industrial. Não se trata, evidentemente, da superação do papel estratégico da indústria e da agropecuária, mas de conceder ênfase adequada aos serviços como organizadores da nova riqueza e dos postos de trabalho em expansão para o conjunto da população.

Com a vitória política em 2003 e sua sustentação em 2006, o processo de financeirização da riqueza gestado por uma maioria liberal-conservadora passou a ser fragilizado, cedendo lugar à emergência de um novo padrão de desenvolvimento. Mas a conexão do Brasil com o futuro pressupõe reconsiderar certos "defeitos" que atingem historicamente a nação: a força da financeirização da riqueza e o subdesenvolvimento da ausência da plena ocupação e da injusta repartição da riqueza e das rendas geradas.

O conjunto de mazelas nacionais contém segmentos sociais que, reunidos e articulados em torno de um novo ideário, poderiam forjar a base da maioria política necessária às mudanças transformadoras. Nesse sentido, não se poderia abandonar a perspectiva de construção da agenda civilizadora para o século XXI, com a promoção e a defesa da produção e do emprego nacionais, acompanhadas da efetivação das reformas patrimoniais modernizantes, como a repactuação das novas formas de riqueza, com aquelas derivadas da propriedade intelectual.

A busca da equidade social deveria ser regida pelo reconhecimento e pela valorização de distintos esforços realizados por variados segmentos sociais, bem como ser a favor da produção e da reprodução das novas fontes de riqueza nacional. Assim, benefícios desconectados da eficiência econômica – como a herança, ou ganhos especulativos e financeiros improdutivos –, entre outros, precisam ser revistos à luz de um novo compromisso político-social com o desenvolvimento soberano e sustentável da nação.

Por ser o Brasil um país ainda em construção, com incompleta infraestrutura e enorme ociosidade de parte de sua mão de obra, a convergência de esforços associados ao alongamento da capacidade de produção pressupõe a inversão da tendência, de mais de meio século, de queda de rendimento do trabalho na renda nacional. Atualmente, os brasileiros que dependem exclusivamente de seu próprio trabalho para sobreviver alcançam cerca de 40% de toda a renda nacional, enquanto, na década de 1950, tal índice chegava a quase 60%.

A ênfase no estabelecimento de uma nova agenda civilizatória merece ser perseguida, permitindo a reconstrução da sociabilidade perdida, bem como a liberação do homem do trabalho heterônomo no contexto das exigências da sociedade pós-industrial. Ela é constituída por alguns itens, em especial: ingresso no mercado de trabalho aos 25 anos (e não aos 16), educação ao longo da vida (ao contrário de atender apenas crianças, adolescente e jovens), permanência de 12 horas semanais no local de trabalho (em lugar de 44 horas) e expansão de atividades ocupacionais socialmente úteis à sociabilidade, como a de cuidadores sociais, e aquelas ligadas ao entretenimento, entre outras.

A base material necessária à sustentação desse novo patamar civilizatório global já existe, tendo em vista o crescente ganho de produtividade (física e imaterial) oriundo do capitalismo pós-industrial do começo do século XXI. Destaca-se, por exemplo, que, para cada dólar derivado da produção material, há, simultaneamente, outros dez advindos do conjunto das atividades imateriais (não produtoras de bens, mas de mercadorias intangíveis). A captura dessa parcela do excedente econômico reafirma o projeto de sociedade protagonizado pela progressividade tributária e pela amplificação do gasto social, capaz de gerar autonomização e empoderamento no conjunto dos povos no mundo.

No entanto, isso pressupõe o avanço em novos modos de regulação, que potencializem a elevação da produtividade e seu repasse equânime a toda a população. Assim, o improviso dos ganhos fáceis a curto prazo deve dar lugar ao planejamento de maior tempo nas decisões públicas e privadas que se relacionam às oportunidades atuais de desenvolvimento do país. O debate a respeito do patrimônio que se quer instituir caminha ao lado da marcha da convergência política para efetivar as medidas estratégicas necessárias à construção do futuro da nação. Seria o caso de se formar uma nova maioria política, capaz de integrar um conjunto amplo de interesses sociais que, ao longo do tempo, foram marginalizados pelo neoliberalismo.

A emergência desse novo tipo de aliança política poderia fortalecer o conjunto dos estratos sociais de baixa renda e de nível médio, geralmente integrados por alguma forma de organização e que expressam resistências à condução neoliberal do projeto de sociedade dos ricos e poderosos. O elemento central se daria em torno do aumento e da reorientação do fundo público descomprometido com a improdutividade do circuito da financeirização da riqueza, de modo a conformar uma nova agenda civilizatória de acordo com as exigências da sociedade pós-industrial.

O fundo público originado pela luta política dos segmentos sociais mais organizados precisa ser reformulado e novamente vinculado às receitas originárias. Isso permitirá favorecer tanto a progressividade na tributação sobre a renda dos ricos como a universalidade da proteção social (saúde, educação, pleno emprego, assistência social etc.), esta impedida de se firmar diante do processo de financeirização da riqueza, responsável pela adoção de programas de ajuste estrutural e pela condução de políticas econômicas e sociais neoliberais. A crise atual poderá criar uma nova reconfiguração desses recursos.

A defesa das atividades produtivas com redistribuição da renda e riqueza, acompanhada da democratização das estruturas de poder, produção e consumo, permitiria ampliar o componente estratégico definidor de uma nova maioria política no Brasil. Da mesma forma que há inegáveis dificuldades políticas para fazer convergir segmentos tão heterogêneos, permanece o desafio de incorporação dos novos contingentes sociais incluídos nos últimos cinco anos e que ainda parecem manter baixo poder de pressão. A emergência dessa nova estratificação social em distintas regiões do Brasil precisa ser considerada, permitindo não apenas a organização da dinâmica econômica como a estruturação de políticas universais de proteção social.

COMO E PARA QUE LUTAR

No princípio do século XXI, a democracia como doutrina política vem passando por importante questionamento no mundo a respeito de sua revitalização e eficácia. No Brasil, não tem sido diferente, tendo relevo o consenso em torno da necessidade de mudar, mas o dissenso acontece no instante de decidir qual rumo seguir.

Na maior parte do curso histórico nacional, o destino determinou uma convivência com formas de poder político de características próprias de regimes autoritários, a desagregar o tempo de vida da sociedade brasileira. Desde o momento da chegada dos portugueses, verifica-se que, dos quase 510 anos, prevaleceram formas de poder político com característica autoritária e somente meio século de regime pleno de democracia representativa.

Os traços autoritários ainda parecem se manifestar, quer no desempenho, quer no funcionamento do regime do poder político vigente, quer nas relações interpessoais na sociedade. Em particular, quando elas se dão entre pessoas que ocupam patamares distintos da pirâmide que compõe a estrutura social. Dois fenômenos sociais decorrem da contida experiência com a democracia. O primeiro pode ser identificado pelo surgimento de um desencanto precoce com a forma de poder político regido pelo regime democrático, mesmo que ainda faltem avanços em termos de maior participação. E o segundo, também precoce, é a existência de certo sinal de descrédito da sociedade diante do poder transformador da realidade por meio da ação política.

Outras consequências no meio social podem ser ressaltadas com base em nosso passado: o risco do restabelecimento de um regime autoritário travestido em sombra de democracia; a grande resistência à criação de novas – ou de inovações – formas de poder político, dando-se preferência ao processo de importação das ideias; a baixa organização política e capacidade de mobilização da sociedade.

Apesar disso, a existência de reações sociais diante do poder político dominante terminou por pavimentar novas trilhas e novos caminhos que levaram à promoção de pequenos ajustes e reajustes na sociedade brasileira, assim como ondas de progressos socioeconômicos substanciais. Contudo essas reações não se mostraram lineares, indicando fundamentalmente o quanto as transformações sociais e políticas podem ser lentas, desvinculadas de acontecimentos súbitos ou de rupturas imediatas.

Em realidade, as modificações tenderam a ocorrer, muitas vezes, pelo marco da ordem que viabiliza a modernização da própria trajetória da tradição. Assim, houve movimentos sociais que propiciaram a alteração da história do Brasil, a exemplo do abolicionismo, da Sabinada, da Balaiada, da Revolta Praieira e da Guerra dos Farrapos, das guerras camponesas do Contestado e de Canudos, da Inconfidência Mineira, do movimento operário no início do século XX, da Coluna Prestes, da campanha "O Petróleo é Nosso", das lutas pela reforma agrária, do soerguimento sindical desde os anos 1970, a partir do desempenho dos metalúrgicos do ABCD, do retorno do movimento estudantil, dos artistas e acadêmicos, dos trabalhadores rurais em torno do movimento das "Diretas Já" no início da década de 1980, da polarização na Constituinte na transição política e dos "caras pintadas" no início da década de 1990, entre tantos outros.

A reorganização política mais recentemente instituída pela Constituição Federal confirmou no Brasil a República Federativa de tipo presidencialista. Decorridas duas décadas, cabem algumas indagações. O que seria a República no século XXI? Seria o modelo atual de federação decorrente do século XIX adequado ao Brasil urbano e de conglomerados metropolitanos, com diferenças regionais tão expressivas? As instituições de representação de interesses, como sindicatos, associações de bairros e partidos políticos, estariam cumprindo seu papel na sociedade da informação? Caberia ainda o modelo do Poder Legislativo bicameral? E os impasses entre os poderes Executivo e Legislativo – seria viável o padrão misto de presidencialismo e parlamentarismo?

Tudo isso floresce quando assume relevância o tema necessário da inovação das instituições sociais e sua corresponsabilidade por implementar, monitorar e avaliar o conjunto das políticas públicas. Como avançar nos canais de transmissão institucional entre a população e os poderes instituídos, considerando, até mesmo, a renovação da composição das cortes de Justiça mais elevadas do país?

Neste início do século XXI, o Brasil tem operado parte importante das políticas públicas por meio dos conselhos de participação popular, com a realização de conferências alargadas em diferentes segmentos sociais. Mas há meios compatíveis de ampliar a participação da sociedade nos fóruns decisórios de temas estruturantes e de interesse da sociedade? Sabe-se que existe um enorme distanciamento entre a maior parte da população e os executores do destino do país, consagrado pela herança recebida pela sociedade advinda dos regimes autoritários.

A saída participativa precisa ser inovada para ser capaz de aprofundar as relações entre a sociedade e o governo, entre o Estado e o mercado, revitalizando a democracia no Brasil. São desafios do instante presente e uma obra que só se pode realizar com muita abnegação e firme propósito da sociedade, renunciando definitivamente à herança autoritária e ao fatalismo histórico. A sociedade brasileira já demonstrou sua capacidade de reação no passado. Cabe agora seguir na consolidação de um futuro melhor para as gerações seguintes.

A experiência democrática é muito jovem na sociedade brasileira. Logo, torna-se necessário considerar a aprendizagem em curso, distante do medo que paralisa e evita a adoção de novas atitudes no cotidiano comunitário. Se o objetivo é alterar a realidade rumo ao novo patamar civilizatório, cabe ainda a revitalização das formas de participação popular no sistema do poder político.

Isso porque as sociedades, em geral, anseiam pelo progresso em todos os aspectos da vida: material, tecnológico, bens e serviços públicos etc. Mas quando alguém sustenta uma nova proposta para a sociedade, que possa ajudar em seu progresso, vozes antiquadas imediatamente se levantam, semeando a dúvida, ou bradam pela pouca eficácia da ideia, ou ainda saem em defesa da manutenção do "status quo". Qual a causa de tamanho pavor e de resistência a aderir e experimentar o que é novo?

Registra-se também a forte crítica feita pela maioria da sociedade em relação à política e aos políticos, o que, muitas vezes, causa um nivelamento por baixo, tentando invalidar a eficácia de sua função. Esse aspecto relacionado à ação política exige, cada vez mais, que pessoas com senso de solidariedade e responsabilidade social intervenham junto a seus pares e aos poderes instituídos. O resgate da política passa necessariamente por uma reforma que liberte o país dos riscos da força bruta, da violência e da barbárie.

Algumas ações igualmente podem ser destacadas em relação ao poder público, como a iniciativa política de garantia do bem-estar, a exemplo do Orçamento Participativo (OP), nas reuniões comunitárias destinadas à submissão dos recursos públicos ao controle dos cidadãos. São experiências de inovação na forma de organização política e de envolvimento da sociedade civil. São numerosas as vantagens de as comunidades adotarem um instrumento ativo de integração entre o público e o privado, como o do Orçamento Participativo.

A instalação dos conselhos populares é outra modalidade possível de ampliação. O ato de compartilhar o poder institucional com a sociedade é necessário ao resgate da credibilidade da política no conjunto da sociedade brasileira.

Os conselhos populares que tratam de temas importantes relacionados às políticas públicas e às demandas sociais demonstram, no atual governo Lula, o concreto compromisso de aprofundamento da democracia representativa, cada vez mais participativa. A opção pelos conselhos estabelece um novo patamar de participação social nas políticas públicas, em que a articulação, as consultas e a deliberação são sempre acompanhadas por avaliação, monitoramento e correção de rumos.

A determinação política do governo Lula de envolver a sociedade é um exemplo da responsabilidade e da capacidade do Estado de combater a herança dos regimes autoritários, despertando o interesse pela ação política e sua capacidade transformadora. Atualmente, a maneira de compartilhar poder com a sociedade ocorre por intermédio do funcionamento de 63 conselhos de caráter deliberativo e/ou consultivo, onde se discutem temas que vão da política energética à juventude.

Também vale a pena citar o instrumento das conferências nacionais, difundido nos últimos anos. Embora não seja de caráter permanente, essa prática busca envolver a sociedade nas decisões pertinentes a políticas públicas. A democracia e o diálogo caminham juntos, e as inovações na ampliação dos conselhos e das conferências constituem provas inequívocas das ações do governo Lula de aprofundar a democracia no país.

No entanto, ainda cabe à sociedade instituir seus próprios espaços de debate e de proposição de ideias. O Fórum Social Mundial é um exemplo da capacidade de mobilizar e organizar debates e ações, sem medo de expressar opiniões. Assim também agem outros movimentos sociais, como o Movimento dos Trabalhadores Rurais Sem Terra (MST). E, aqui, no caso desse movimento social, percebe-se nitidamente a reação de uma parcela menor da sociedade, que não cortou o vínculo com o autoritarismo. A reação contra o MST não é unicamente no campo da propaganda, já que a violência chega até mesmo a causar a morte de militantes desse movimento social – onde faltam política e diálogo, sobram barbárie e força bruta.

A nação brasileira precisa praticar mais os instrumentos da política, os únicos disponíveis à sociedade em geral, cujas características são pacíficas, racionais e ainda imprescindíveis para melhor atender as demandas críticas ou novas e resolver seus conflitos.

E quem deve conduzir esse processo de reinvenção da política e do avanço da organização social? Esse papel cabe ao Estado e à sociedade, esta que deve desenvolver e praticar mais a solidariedade e a coragem de enfrentar a realidade.

A luta política em torno do fundo público indica o quanto o excedente econômico gerado assume crescente relevância na reprodução social. O Estado do século XX, organizado em torno dos problemas socioeconômicos da sociedade urbano-industrial, tornou-se anacrônico para enfrentar os desafios dos dias de hoje. O funcionamento do Estado, que decorre da setorialização das ações, expressa geralmente os interesses organizados que nem sempre se encontram conectados com uma visão do todo, implicando maior gasto, nem sempre compatível com eficácia plena.

Nessa perspectiva, imagina-se que a soma das ações parciais ofereceria um todo superior somente com base na atuação do Estado, o qual executa o fundo público. Assim, os problemas da sociedade são enfrentados por ações setorializadas, mediante as quais o sistema público de educação, o de saúde e o de emprego, entre outros, intermedeiam a relação do Estado com a sociedade, buscando atender suas demandas.

Neste começo de século XXI, quando a sociedade pós-industrial adquire maior dimensão, o Estado necessário precisa ser matricial, *trans* e intersetorial, capaz de combinar diversas especializações com eixos de ação mais ampla. A oportunidade para que isso venha a ocorrer encontra-se diretamente relacionada à qualidade das lutas sociais no embate de ideias que possam revolucionar o projeto de sociedade atual.

O redescobrimento atual do Estado não pode estar conivente com as exigências de ricos e poderosos interessados exclusivamente na socialização dos prejuízos impostos pela crise. Urge dar início a uma profunda reforma do Estado, capaz de fazer avançar o fundo público para a parcela do excedente econômico por meio da tributação dos ricos, sobretudo os detentores das novas riquezas imateriais. Assim, criam-se condições efetivamente adequadas para o avanço do novo padrão civilizatório.

Da mesma forma, a ação estatal de novo tipo requer o seu próprio empoderamento. Somente assim ela cuidará do enorme desbalanceamento imposto por cerca dos 500 grandes grupos econômicos transnacionais, responsáveis por quase 50% do PIB mundial. A defesa do espaço nacional, com exploração plena de sua capacidade econômica, impõe o fortalecimento da iniciativa privada, com novas regras que permitam ampliar a competição, mesmo com ação estatal em segmentos potencializadores da sociedade pós-industrial. Do contrário, grandes corporações transnacionais vão continuar a monopolizar a produção e a distribuição de bens e serviços, o que as torna, em consequência, empresas detentoras de países. É preciso inverter tal processo.

O imperioso compromisso com o desenvolvimento nacional requer o planejamento de médio e longo prazos, em que o Estado seja capaz de administrar a maior parcela possível do fundo público. Para isso, a nação precisa democraticamente posicionar-se favoravelmente à convergência política que permita a construção das estratégias do amanhã. Esse caminho a ser perseguido deve incluir todos os brasileiros por meio de uma estratégia compatível com a sustentabilidade ambiental e com o avanço tecnológico do país.

Sociedade de todos no século XXI

Um conjunto de profundas e complexas transformações tecnológicas, econômicas, laborais e demográficas vem, desde o último quartel do século XX, impondo o avanço da sociedade pós-industrial, com predomínio do setor terciário das economias (trabalho imaterial). Não obstante o avanço tecnológico gerador de ganhos importantes de produtividade material e imaterial nessa transição para a sociedade pós-industrial, a riqueza gerada não vem sendo compartilhada justamente, o que impõe obstáculos à construção de uma sociedade superior.

De maneira geral, a evolução das sociedades tem permitido à humanidade libertar-se gradualmente do trabalho vinculado à estrita necessidade de sobreviver para o ingresso em um padrão avançado de bem-estar social. No caso da transição atual da sociedade urbano-industrial, para a pós-industrial existe a possibilidade de acúmulo de novas e importantes perspectivas acerca do trabalho e da vida.

Uma linha dessas novidades encontra-se relacionada à perspectiva de ampliação da expectativa média de vida. Há mais de 100 anos, ainda durante o predomínio da sociedade agrária, a esperança de vida ao nascer não superava, por exemplo, os 40 anos de idade. Ao longo do século XX, com o apogeu da sociedade industrial, a longevidade humana quase dobrou para os 70 anos de idade, em média. Na sociedade pós-industrial, já não parece distante a esperança de atingir 100 anos de vida.

A partir disso, adicionam-se ainda mais três significativas novidades possíveis para a perspectiva de um padrão de vida superior. Uma primeira relaciona o comprometimento do trabalho com o ciclo da vida humana. Na sociedade agrária, o trabalho começava a ser exercido a partir dos cinco ou seis anos de idade para se prolongar até praticamente a morte, com jornadas de trabalho extremamente longas (14 a 16 horas por dia), sem períodos de descanso nem férias ou inatividade remunerada (aposentadorias e pensões).

No caso de alguém que conseguisse chegar aos 40 anos de idade tendo iniciado o trabalho aos seis anos, por exemplo, o tempo comprometido somente com as atividades laborais absorvia cerca de 70% de toda a sua vida. Naquela época, em síntese, viver era fundamentalmente trabalhar, visto que praticamente não havia separação nítida entre tempo de trabalho e de não trabalho.

Na sociedade industrial, o ingresso no mercado laboral foi postergado para os 16 anos de idade, garantindo aos ocupados, a partir daí, o acesso ao descanso semanal, a férias, pensões e aposentadorias provenientes da regulação pública do trabalho. Com isso, alguém que ingressasse no mercado de trabalho depois dos 15 anos de idade e permanecesse ativo por mais 50 anos teria, possivelmente, mais alguns anos de inatividade remunerada (aposentadoria e pensão).

Por força de tais circunstâncias, menos de 50% do tempo de vida teria sido comprometido com o exercício do trabalho heterônomo. Nesse sentido, o ciclo da vida teria abandonado a condição de representar somente o trabalho heterônomo, tendo o tempo de trabalho abandonado a rigidez tradicional da separação do tempo de não trabalho (inatividade laboral).

No curso da nova sociedade pós-industrial, a inserção no mercado de trabalho tem sido gradualmente postergada. Em muitos casos, ocorre somente após a conclusão do ensino superior, com idade acima dos 24 anos, e saída sincronizada e gradual do mundo do trabalho a partir dos 70 anos. Tudo isso acompanhado por jornada de trabalho reduzida, o que permite observar que o trabalho heterônomo deve corresponder a não mais do que 25% do tempo da vida humana.

A parte restante do ciclo da vida, contudo, dificilmente tende a se constituir, necessariamente, em tempo livre, devido aos deslocamentos territoriais e aos compromissos de sociabilidade, estudo e formação cada vez mais exigidos pela nova organização da produção e da distribuição internacionalizada. Isso porque, diante dos elevados e constantes ganhos de produtividade, torna-se possível a redução do tempo semanal de trabalho: de 40 horas, aproximadamente, para não mais de 20 horas.

De certa forma, a transição entre a sociedade urbano-industrial e a pós-industrial tende a não mais separar, nítida e rigidamente, o tempo do trabalho do tempo do não trabalho. Nesse sentido, há uma possibilidade não desprezível de maior mescla entre os dois tempos de trabalho e de não trabalho, impondo maior intensidade e risco da longevidade ampliada da jornada para além do tradicional local de exercício efetivo do trabalho.

Destacam-se do contato das novas tecnologias (internet e telefonia celular) não somente as inovações na gestão de mão de obra, mas ainda a intensificação do exercício no próprio local de trabalho e sua extensão para outros espaços, sem contrapartida remuneratória e protetiva, já que os sistemas de regulação pública do trabalho se encontram fundamentalmente centralizados na empresa.

Outra importante novidade que necessita ser considerada resulta da forte concentração do trabalho no setor terciário das economias (serviços em geral), podendo representar cerca de 90% do total das ocupações. Assim, o terciário tende não apenas a assumir uma posição predominante, tal como representou a alocação do trabalho no setor agropecuário até o século XIX, com a indústria respondendo por não mais de 10% do emprego total, como a passar a exigir, por consequência, novas formas de organização e de representação dos interesses em um mundo do trabalho mais heterogêneo. Nos países desenvolvidos, por exemplo, os setores industriais e agropecuários absorvem atualmente não mais do que 10% do total dos ocupados.

Por fim, cabe ainda observar outra novidade resultante da profunda alteração da relação da educação com o trabalho e com a vida. Até o século XIX, o ensino era quase uma exclusividade da elite econômica e política de cada país.

Contudo, no século anterior o acesso à educação gradualmente se generalizou, alcançando parcelas crescentes do conjunto da sociedade urbano-industrial, processo em que a universalização do acesso às faixas etárias mais precoces se transformou em um requisito de sociabilidade e preparação para o exercício do trabalho. Na sociedade pós-industrial, a educação tende a acompanhar mais continuamente o longo ciclo da vida humana não somente como elemento de ingresso e continuidade no exercício do trabalho heterônomo mas também enquanto condição necessária para a cidadania ampliada por toda a vida.

Conectar a totalidade das transformações na economia e no trabalho com o resgate da educação e a formação profissional em novas bases passa pela redivisão da riqueza entre o fundo público – único que pode sustentar as novidades do trabalho na sociedade pós-industrial – e o capital virtual (trabalho imaterial), capaz de revolucionar a titularidade da riqueza no futuro, bem como inovar o conceito jurídico dos meios de aquisição e do uso da propriedade. Dessa forma, os ganhos de produtividade (material e imaterial) poderão ser capturados significativamente, a ponto de superar mais rapidamente a anacrônica separação entre o trabalho pela sobrevivência (trabalho heterônomo) e o trabalho autônomo (criativo, comunitário).

Em outras palavras, o trabalho heterônomo realizado por parcelas ativas da sociedade tende a ser mais contido, o que torna crescentes as possibilidades do trabalho autônomo. Para isso, contudo, as nações portadoras de futuro e geradoras dos postos de trabalho de concepção, com maior qualidade e remuneração, pressupõem maior capacidade de ampliação dos investimentos em tecnologia na produção de bens e serviços, em que se acrescente o maior valor agregado possível.

Do contrário, há o risco de retrocessos na redivisão do trabalho entre países, com parcela deles comprometidos fundamentalmente com a produção de menor custo de bens e serviços, geralmente associada ao reduzido conteúdo tecnológico e valor agregado e dependente do uso trabalho precário e de execução em longas jornadas sub-remuneradas. E, portanto, a reprodução do passado: elevadas jornadas de trabalho; reduzida remuneração e forte instabilidade contratual, sem a possibilidade de fazer valer a transição dos sistemas de educação e formação contemporâneos da sociedade pós-industrial.

Essa situação já é real em vários países. No novo mundo da economia e do trabalho, repleto de novidades, as escolhas nacionais estão sendo feitas. As decisões de políticas públicas de hoje podem asfaltar, inexoravelmente, o caminho técnico do amanhã em bases superiores.

Nesse mesmo sentido, identifica-se na crise mundial atual originada no centro do capitalismo global (Estados Unidos) uma grande oportunidade para a sociedade avançar mais rápido no estabelecimento de um padrão de vida melhor, com menos injustiça social e ambientalmente sustentável.

É nesse contexto que o Brasil, em articulação com outros governos progressistas da América Latina, se encontra diante do desafio de promover decisões estrategicamente emblemáticas, construtoras de grandezas, na condução do seu próprio destino. Com isso, o polo do desenvolvimento da integração sul-americana abriria espaço político para enfrentar os aspectos atinentes à construção de uma nova ordem econômica e social perante os sinais de esgotamento dos organismos multilaterais existentes.

Assim, abriria a possibilidade real de instaurar mais amplamente o compromisso com a sustentabilidade do desenvolvimento econômico com inclusão social. O desrespeito ao meio ambiente e a falta do reconhecimento das limitações degenerativas da natureza, instituídos pelo atual modelo de produção, são potencializados pela lógica do consumismo e do individualismo.

Isso precisa ser urgentemente revisto pela sociedade do século XXI. Os valores éticos da nova sociedade também precisam avançar: a solidariedade é o motor indispensável quando se decide o futuro das ações humanas e dos Estados nacionais.

Luiz Soares Dulci[1]

Participação e mudança social no governo Lula

Construir uma nova relação do Estado com a sociedade, mediante vasta e substantiva participação social na definição das políticas públicas, sempre foi um dos objetivos fundamentais do projeto histórico liderado por Lula. Já na campanha presidencial de 1989, Lula havia assumido o compromisso de governar ouvindo e mobilizando a população, fazendo dos movimentos sociais e do conjunto da sociedade civil sujeitos ativos das decisões governamentais, não meros objetos da ação do Estado.

Na verdade, desde seu Manifesto de Fundação, lançado em 1980, cujas teses centrais continuam até hoje pertinentes e fecundas, o PT já sustentava que a democracia plena reclamada pelo povo brasileiro devia ser, ao mesmo tempo, representativa e participativa. Essa concepção amadureceu na resistência à ditadura, graças ao esforço para incorporar à vida política setores sociais tradicionalmente excluídos, dando à transição democrática um caráter popular.

Daí resultou uma estratégia transformadora em dupla dimensão.

De um lado, o PT somou forças com outras correntes políticas de oposição na defesa do Estado de Direito, sem o qual não

---

[1] Luiz Dulci é o chefe da Secretaria-Geral da Presidência da República. Dirigente nacional do Partido dos Trabalhadores desde sua fundação, foi um dos coordenadores da campanha eleitoral do presidente Luiz Inácio Lula da Silva, em 2002. Foi sindicalista e deputado federal. É o responsável pela interlocução do governo com as organizações e movimentos da sociedade civil brasileira e internacional.

pode existir verdadeira democracia. Engajou-se de corpo e alma na luta pelas liberdades democráticas: liberdade de opinião, de manifestação, de imprensa, de organização sindical e partidária, eleições livres, parlamento livre etc. A campanha das Diretas Já foi, sem dúvida, o ápice dessa mobilização compartilhada, que acabaria por levar à derrocada do regime autoritário.

De outro, o partido apoiou vigorosamente a organização da sociedade pela base, nos mais diversos segmentos e em todas as regiões do país, fortalecendo o novo sindicalismo urbano e rural, as comunidades eclesiais de base(CEBs), as associações de bairro e de luta pela moradia, as ONGs ambientalistas, as entidades de mulheres, de defesa da igualdade racial, de direitos humanos, da juventude, de combate à homofobia etc. Ajudou, enfim, a consolidar todo esse pujante mosaico de organizações livres e independentes – analisado com grande acuidade por Eder Sader em seu clássico *Quando novos personagens entraram em cena*[2] – que faria da sociedade civil brasileira o admirável ator pluralista e libertário que conhecemos.

A democracia efetiva, no mundo atual, exige uma profunda socialização da política. Ela não pode ficar restrita aos especialistas e/ou profissionais, ainda que estes sejam obviamente necessários ao funcionamento das instituições e à gestão do Estado. Precisa envolver também os milhões de "amadores" que são a própria razão de ser dos poderes constituídos. Deve garantir ao cidadão comum o direito de opinar sobre decisões que, em última análise, afetam diretamente a sua vida cotidiana.

Mais do que isso: sem a participação social, sem a cidadania organizada e ativa, as próprias instituições representativas correm o risco de perder legitimidade. A saúde democrática dos países não pode depender somente do voto, ainda que este seja fundamental, insubstituível. As eleições são condição necessária, mas não suficiente para assegurar a vitalidade da democracia. Aliás, algumas das mais tradicionais democracias do mundo enfrentam hoje crises importantes de alienação cidadã e de negação autoritária da

---

2 SADER, Eder. *Quando novos personagens entraram em cena*. 4ª ed. São Paulo: Paz e Terra, 2001.

política. Há países, nos quais o voto é facultativo, em que a metade dos eleitores simplesmente não participa da escolha de seus governantes. Essa indiferença pela coisa pública reduz drasticamente a corresponsabilidade social e política. Até porque ninguém se torna corresponsável por aquilo que não ajudou a construir.

Para conjurar esse risco, não basta a pregação doutrinária do regime democrático nem a mera retórica das obrigações cívicas. É indispensável aproximar o cidadão do Estado, criando canais e instrumentos para que ele acompanhe, fiscalize e, sobretudo, interfira na elaboração e na execução das políticas públicas, opinando sobre as decisões de governo também fora dos períodos eleitorais. Quanto mais ativa a cidadania, maior a força e a legitimidade real da democracia. Nesse sentido, a chamada democracia participativa, longe de competir com as instituições representativas, pode contribuir – e muito – para enriquecê-las e torná-las mais respeitadas. Tanto o Executivo quanto o Legislativo só têm a ganhar com essa "escuta forte", na expressão de Boaventura de Souza Santos, à sociedade, como preceitua a Constituição Federal Brasileira.

Um governo de mudanças, por outro lado, requer a mais ampla e diversificada mobilização dos indivíduos e grupos sociais, de modo a criar uma correlação de forças favorável às reformas pretendidas, que não podem depender somente da vontade política dos governantes, por mais autêntica e vigorosa que esta seja. Além da imprescindível governabilidade política, na esfera parlamentar, um governo transformador supõe também aquilo que poderíamos chamar de governabilidade social, ou seja, o respaldo ativo, militante, nos embates com o *status quo*, das maiorias sociais interessadas na abolição de privilégios e na universalização de direitos.

O sucesso das experiências de democracia participativa nas prefeituras progressistas, que as tornou referência internacional, consolidou o nosso propósito de governar o país *com* e não apenas *para* a sociedade, constituindo-se em um dos eixos programáticos de 2002. Durante a campanha que o levaria ao Planalto, Lula não se cansou de enfatizar que, tão importante quanto o conteúdo do novo governo, seria o seu modo inovador de governar.

Um método democrático de gestão

Desde 2003, a democracia participativa passou a ser adotada também no âmbito federal. Decisões fundamentais para o país têm sido tomadas pelo governo Lula em diálogo direto e mediante ampla negociação com os movimentos sociais. Ações que estão mudando para melhor a vida de dezenas de milhões de brasileiras e brasileiros foram concebidas e implementadas em parceria com as grandes organizações populares do país.

Tanto políticas estruturais, nas diversas áreas, quanto as decisões conjunturais mais relevantes são submetidas à análise da sociedade civil por meio de canais de interlocução com o Estado – conferências, conselhos, ouvidorias, mesas de diálogo etc. –, que já constituem, na prática, um verdadeiro sistema nacional de democracia participativa.

Políticas de desenvolvimento, de geração de emprego e renda, de inclusão social, saúde, educação, meio ambiente, juventude, segurança pública, direitos das mulheres, igualdade racial democratização da cultura, entre tantas outras, foram discutidas em 63 conferências nacionais que mobilizaram diretamente, em suas várias etapas, mais de 4,5 milhões de pessoas em cerca de 5.000 municípios brasileiros – e são permanentemente fiscalizadas e avaliadas pelos conselhos de participação social hoje existentes em todos os ministérios.

Um exemplo notável dessa nova forma de governar é o Plano Safra da Agricultura Familiar, que elevou de R$ 2,5 bilhões para R$ 15 bilhões o financiamento do setor e está promovendo uma autêntica revolução na pequena agricultura brasileira, em benefício de três milhões de famílias (cerca de 12 milhões de pessoas), dando-lhes um peso econômico e uma força política que nunca tiveram. Basta dizer que, atualmente, 70% do total de alimentos consumidos no país vem da agricultura familiar. Esse salto de mais de 600% no financiamento é potencializado pela assistência técnica, pelo seguro agrícola, pela garantia de preço e pelo programa de aquisição de alimentos. O Plano Safra foi construído pelo governo em conjunto com as principais entidades do setor – a Confederação

Nacional dos Trabalhadores na Agricultura (Contag), a Federação Nacional dos Trabalhadores na Agricultura Familiar (Fetraf), o Movimento dos Pequenos Agricultores (MPA), e o Movimento dos Trabalhadores Rurais Sem Terra (MST), entre outras – no Conselho Nacional de Segurança Alimentar (Consea).

Assim nasceram também outras medidas de largo impacto econômico e social. É o caso da política de valorização permanente do salário mínimo, fruto da mesa de diálogo do governo com as seis centrais sindicais brasileiras: Central Única dos Trabalhadores (CUT), Força Sindical, União Geral dos Trabalhadores (UGT), Central dos Trabalhadores e Trabalhadoras do Brasil (CTB), Central Geral dos Trabalhadores do Brasil (CGTB) e Nova Central. Ela assegura que o mínimo terá, todos os anos, até 2023, ganho real equivalente ao crescimento do PIB, beneficiando 45 milhões de trabalhadores ativos e aposentados. Desde que passou a vigorar, elevou em 60% o valor do salário mínimo, que deixou de ser considerado um mero item de custo da previdência social, a exemplo do que ocorreu durante a década de 1990, e passou a ser tratado como o poderoso fator de desenvolvimento que efetivamente é.

Outra conquista da mesa de diálogo com as centrais foi a adoção de uma tabela progressiva para o imposto de renda, que isentou totalmente mais 700 mil trabalhadores e reduziu a contribuição dos assalariados médios. Deve-se a ela, igualmente, diversas medidas de desoneração tributária em prol das classes populares, como a eliminação de impostos federais sobre os alimentos básicos e os materiais de construção, possibilitando significativa redução de seu preço final. Sem falar no programa de crédito consignado, com juros mais baixos e desconto na folha de pagamento, uma proposta das centrais que o governo acolheu, direcionando para o consumo popular e para o aquecimento da demanda mais de R$ 105 bilhões.

Da mesma forma, a vitoriosa política de proteção social e transferência de renda para as famílias que viviam abaixo da linha da pobreza foi concebida e está sendo executada em conjunto com centenas de entidades de ação social, laicas e/ou religiosas, de todas as regiões brasileiras. Três conferências nacionais, em

2003, 2005 e 2007, debateram-na em profundidade e o Conselho Nacional de Assistência Social a acompanha zelosamente. Baseia-se em uma rede integrada de organismos e ações, de grande originalidade na história da administração pública brasileira, cujo carro-chefe é o programa Bolsa Família, que já atende mais de 50 milhões de pessoas e é considerado pelas Nações Unidas experiência modelar de combate à fome e à pobreza no mundo. Mas também opera por intermédio de outros instrumentos, não menos importantes, de resgate da cidadania, tais como o salário mínimo pago mensalmente a 3,2 milhões de idosos pobres e pessoas com deficiência, os 5.796 Centros de Referência da Assistência Social (Cras) instalados em 4.327 municípios, o programa de construção de um milhão de cisternas, os programas de aquisição de alimentos e da merenda escolar etc.

Esse conjunto de medidas, elevando o poder de compra dos pobres e dos trabalhadores e dando-lhes acesso a bens e serviços que antes não tinham condições de adquirir, reduziu significativamente a desigualdade e aumentou a mobilidade social no país, fazendo com que 20 milhões de pessoas saíssem da linha da pobreza e outras 31 milhões se incorporassem à classe média. Ao mesmo tempo, contribuiu de modo decisivo para criar o mercado interno de consumo popular, que foi um dos principais compromissos programáticos de Lula na campanha de 2002 e é uma peça-chave do novo modelo de desenvolvimento implementado no Brasil.

As maiores entidades da área educacional – a União Nacional dos Estudantes (UNE), a Confederação Nacional dos Trabalhadores em Educação (CNTE), a União Brasileira dos Estudantes Secundaristas (Ubes), o Conselho de Reitores das Universidades Federais (Cruf), a União Nacional dos Dirigentes Municipais de Educação (Undime) – tiveram papel destacado na elaboração e na execução da estratégia de resgate do ensino público brasileiro, depois de décadas de acelerada privatização. Projetos decisivos nesse sentido, como a reforma universitária, o Programa Universidade para Todos (ProUni), o Fundo de Manutenção e Desenvolvimento da Educação Básica e Valorização dos Profissionais de Educação (Fundeb), o Programa de Apoio a Planos de Reestruturação e Expansão das Universidades Federais (Reuni) e o piso nacional do magistério, resultaram não só de intenso diálogo mas de uma verdadeira aliança conceitual e prática do governo com as mais variadas organizações civis engajadas na defesa da escola republicana. Essa estratégia foi pactuada e qualificada em conferências temáticas (de ensino fundamental, educação indígena, formação profissional) que culminarão, em 2010, com uma inédita conferência geral de educação, que reunirá, além de alunos, profissionais do setor, pais e uma vasta gama de pesquisadores e estudiosos, também os sindicatos e as centrais sindicais, os movimentos de trabalhadores rurais, as organizações de mulheres, entidades étnicas etc. Sem essa aliança e a permanente mobilização dos setores populares, até para neutralizar o poderoso lobby privatista, não teria sido possível a elevação do orçamento educacional em 125% nem o fortalecimento e a expansão das 42 universidades federais existentes, tampouco a criação de 15 universidades federais novas e menos ainda a instalação de 131 novos campi por todo o interior do país. E teria sido impossível criar, em menos de oito anos, mais escolas técnicas (240) do que em todo o século anterior (140).

Não se trata, evidentemente, de fazer aqui uma análise exaustiva das mudanças sociais em curso no Brasil. Seria fácil, no entanto, demonstrar que outras grandes conquistas do país no último período, em áreas como habitação, saneamento básico, meio ambiente e cultura, também estão diretamente vinculados à participação e à mobilização popular.

Garantindo novos direitos

Além de conquistas fundamentais quanto à garantia dos direitos econômicos e sociais "clássicos" – emprego, salário, proteção social, educação e saúde públicas –, a democracia participativa favoreceu também avanços extraordinários no que se refere aos chamados "novos direitos", incorporados à pauta emancipatória da sociedade brasileira nas últimas décadas: efetiva igualdade étnica e de gênero, respeito à diversidade sexual, reconhecimento das demandas próprias da juventude, dos idosos, das pessoas com deficiência.

O governo Lula, em estreita sintonia com as entidades feministas, o movimento negro e a rede de organizações LGBT, inovou profundamente nessa área. Enfrentou, de modo resoluto, preconceitos arraigados e dogmas elitistas sobre a "neutralidade" social do Estado, investindo estrategicamente nas políticas afirmativas. Já em 2003, promoveu uma corajosa reforma na estrutura da administração federal para adequá-la aos desafios dessa agenda emergente. Tal como na década de 1930 o Estado brasileiro havia instituído os ministérios de Educação, Saúde e Trabalho para implementarem as respectivas políticas, Lula não hesitou em criar, logo no início de seu mandato, órgãos específicos de primeiro escalão para responderem pela nova geração de políticas públicas.

Nesse sentido, a própria criação das secretarias especiais de Políticas para as Mulheres, de Promoção da Igualdade Racial, de Direitos Humanos, com *status* ministerial e diretamente ligadas à Presidência da República, constitui um enorme salto de qualidade. E seus resultados práticos não são menos relevantes. Elas têm, de fato, conseguido ampliar o apoio da sociedade brasileira às causas libertárias. Difundindo sistematicamente os valores da tolerância e do direito à diferença, contribuem para elevar o nível de consciência democrática do país. Várias pesquisas de opinião comprovam a crescente valorização popular dos "novos direitos". As conferências nacionais dessas três áreas mobilizaram centenas de milhares de cidadãos, produzindo consistentes políticas públicas e tornando possíveis conquistas institucionais verdadeiramente históricas, como a Lei Maria da Penha (Lei nº 11.340/2006), que revoluciona o Direito Penal brasileiro no que diz respeito à violência doméstica contra a mulher, o Estatuto da Igualdade Racial, finalmente aprovado pela Câmara dos Deputados, após dez anos de tramitação, e o programa Brasil sem Homofobia, pioneiro na América Latina, para mencionar apenas alguns exemplos emblemáticos.

Com idêntico propósito, foi criada em 2004 a Secretaria Nacional de Juventude, vinculada à Secretaria Geral da Presidência da República. Logo depois, instituiu-se o Conselho Nacional de

Juventude, do qual participam as 67 organizações mais representativas do país, escolhidas pelos próprios jovens, da UNE ao hip-hop, dos trabalhadores rurais aos jovens empresários, da Pastoral da Juventude ao Movimento LGBT. Mais de 500 mil jovens, de todos os 27 Estados do país, engajaram-se nas várias etapas da Conferência Nacional da Juventude, construindo uma política global para o setor. O principal fruto dessa política é, sem dúvida, o ProJovem, programa inovador tanto no foco como na metodologia, que atendeu, em menos de quatro anos de existência, a mais de dois milhões de jovens marginalizados, proporcionando-lhes escolaridade, inclusão digital, formação profissional e inserção comunitária.

Essa permanente interlocução Estado/Sociedade não se limita aos temas considerados específicos dos movimentos sociais. Abrange também questões antes privativas dos setores técnicos, como a das relações exteriores. A política externa do governo Lula, que deu ao país, reconhecidamente, um novo e criativo lugar no mundo, é objeto de frequente debate com a sociedade civil, capaz de agregar importantes dimensões não estatais à batalha pela reforma da ordem econômica e política internacional. No governo Lula, as entidades populares passaram a integrar as delegações brasileiras aos maiores foros multilaterais: Organização Mundial do Comércio (OMC), G20, conferências da Organização das Nações Unidas (ONU) sobre clima e direitos humanos, e cúpulas do Mercosul, entre outros. Além disso, a cooperação com os países do Sul, em particular da África e da América Latina, passou a ser promovida também pelos movimentos sociais, com vistas a fortalecer a sociedade civil das nações parceiras.

A integração sul-americana, por sua vez, tem sido terreno privilegiado da participação popular, o que resultou na instalação, em 2007, do Conselho Brasileiro do Mercosul Social e Participativo. Quatro grandes cúpulas sociais do Mercosul, com a presença de centenas de lideranças de países-membros e associados (Argentina, Uruguai, Paraguai, Brasil, Venezuela, Chile e Bolívia), reafirmaram a necessidade – e a urgência – de ir além da integração comercial, envolvendo diretamente as respectivas populações e incorporando à agenda comum os problemas educativos, culturais, ambientais, étnicos etc. Reflexo dessa saudável pressão "de baixo para cima" foi a criação, em fevereiro de 2007, do Instituto Social do Mercosul. No caso brasileiro, o envolvimento da sociedade tem sido fomentado pelos chamados Encontros com o Mercosul, realizados com sucesso em sete Estados: Pernambuco, Bahia, Pará, Minas Gerais, Ceará, Rio de Janeiro e Maranhão.

A própria atitude do Brasil diante da crise financeira internacional foi amplamente discutida com as organizações populares. Estas haviam opinado, ao longo de todo o governo, tanto em reuniões com Lula e a equipe de ministros como no âmbito do Conselho de Desenvolvimento Econômico e Social (CDES), sobre os principais temas produtivos, de infraestrutura, investimentos, geração de empregos etc. E tiveram participação destacada no lançamento da política industrial, assim como contribuíram de modo ativo e criativo para a elaboração do Programa de Aceleração do Crescimento (PAC), concebido ao mesmo tempo como política anticíclica, para reduzir a vulnerabilidade do país, e projeto de desenvolvimento de longo prazo.

Quando a crise eclodiu, a interlocução Estado/sociedade civil mostrou todo o seu vigor e sentido estratégico. Imediatamente, o governo e as centrais sindicais pactuaram um conjunto de medidas antirrecessivas para neutralizar o catastrofismo conservador, sustentar o consumo e a demanda e garantir o emprego. Decidiu-se, por exemplo, promover forte desoneração tributária da indústria automobilística condicionada à manutenção do emprego. Os bancos públicos foram instruídos a suprir toda a demanda nacional de crédito. Sem falar na decisão ousada de criar, em plena crise, o programa Minha Casa, Minha Vida, com o objetivo de construir um milhão de habitações populares, previamente discutido com as quatro grandes organizações de luta pela moradia – Confederação Nacional das Associações de Moradores (Conam), União Nacional por Moradia Popular (UNMP), Movimento Nacional de Luta pela Moradia (MNLM) e Comunidade por Moradia Popular (CMP).

A participação social, além de legítima e legitimadora, porque inegavelmente fortalece a democracia, tem prestado notáveis serviços ao país. Problemas crônicos, mazelas que pareciam insuperáveis, às vezes podem ser enfrentados e resolvidos pela negociação dos setores interessados, desde que o governo aposte no processo e compartilhe seus desafios políticos e operacionais. A Mesa de Diálogo para Aperfeiçoar as Condições de Trabalho na Cana-de-Açúcar é um bom exemplo. Proposta por Lula e coordenada pela Secretaria-Geral da Presidência, reuniu trabalhadores, empresários e o governo com a finalidade de tornar mais humano e seguro o cultivo manual da cana e de promover a reinserção dos canavieiros desempregados pela mecanização da colheita. Após 17 reuniões, que discutiram uma agenda de 56 itens – do fim da terceirização ao transporte seguro, da transparência na aferição da cana cortada à hidratação, da escolaridade aos equipamentos de proteção, do alojamento decente às demandas específicas das mulheres –, chegou-se a um compromisso nacional tripartite que beneficiará 500 mil trabalhadores. Trata-se de um acordo voluntário, cujas obrigações ultrapassam as exigências legais, ao qual aderiram 330 das 410 usinas em atividade no país.

Ao contrário do que afirmam seus detratores, a democracia participativa não é, absolutamente, um processo de cooptação dos movimentos sociais pelo Estado. Participar de conferências, conselhos, e mesas de diálogo não implica qualquer subordinação dos movimentos ao governo nem afeta em nada a sua autonomia organizativa e política. Nesses foros, cada cidadão ou entidade apresenta livremente as suas propostas e, caso elas não sejam aprovadas, tem pleno direito de continuar a defendê-las na sociedade.

As organizações populares dialogam com o Estado e opinam sobre as políticas públicas, preservando toda a sua liberdade de crítica e mobilização. Não raro, divergem abertamente do governo, sem prejuízo de aproveitarem ao máximo os canais de participação para avançar nas conquistas sociais. Foi o que ocorreu, aliás, durante o primeiro mandato de Lula, no que se refere a alguns aspectos importantes da política macroeconômica. Ao mesmo tempo que apoiavam a política externa independente e as políticas sociais igualitárias, os movimentos cobravam uma inflexão desenvolvimentista na economia (redução dos juros e do superávit primário, expansão do crédito, ampliação do investimento público) que acelerasse o crescimento e permitisse maior geração de empregos, distribuição de renda e inclusão social.

E o faziam, como sempre fizeram, conjugando pressão institucional e intensa mobilização de rua. Algumas das manifestações populares mais maciças dos últimos vinte anos ocorreram justamente durante o governo Lula, embora o noticiário quase sempre as omita ou desqualifique, talvez porque desmentem na prática o (suposto) refluxo dos movimentos sociais e o (inexistente) atrelamento da sociedade civil ao Estado. Para comprová-lo, basta lembrar as três grandes marchas da classe trabalhadora, promovidas pelas centrais sindicais, todas com 40 mil ou 50 mil participantes, os "Gritos da Terra", realizados anualmente pela Contag; os acampamentos nacionais do MST, as esplêndidas "Marchas das Margaridas", que reuniram na Esplanada dos Ministérios 30 mil camponesas de todo o Brasil, para não falar nas jornadas de luta da juventude, nas mobilizações feministas e do povo negro e nas imensas "Paradas Gay" que acontecem periodicamente em diversas capitais brasileiras.

Na verdade, o que incomoda os adversários da participação social é outra coisa. É o fato de que os movimentos sociais, preservando toda sua autonomia e independência, mesmo opondo-se a certas decisões do Executivo, tenham tamanha afinidade com o governo Lula, o que não acontecia, por exemplo, com o governo Fernando Henrique Cardoso. A razão é programática e metodológica. Os movimentos, em sua grande maioria, rejeitavam a orientação neoliberal e a postura verticalista de FHC, ao passo que se identificam com o projeto de mudança social e com a democracia participativa de Lula. Um desqualificava a sociedade civil como sujeito político, estigmatizava várias de suas causas e chegou a criminalizar os movimentos mais radicalizados; o outro respeita e valoriza o protagonismo das entidades populares, abre espaço para que incidam nas políticas públicas e nas decisões de governo e mantém com elas um diálogo permanente, sem precondições.

Ao romper com a insensatez neoliberal e adotar um novo modelo de desenvolvimento para o país, Lula incorporou, em larga medida, as principais bandeiras da sociedade civil. Se não há mais mobilizações contra a Alca, é simplesmente porque não há mais Alca, e avança a integração soberana dos povos do continente. Se não há mais atos públicos contra as privatizações, é porque não há mais privatizações e sepultou-se o dogma destrutivo do "Estado mínimo". Revigorado em suas áreas estratégicas, o Estado brasileiro voltou a ser indutor e coordenador do desenvolvimento. Se não há protestos contra o desemprego e o arrocho salarial, é porque o país criou, em sete anos, mais de 10 milhões de novos postos de trabalho e a classe trabalhadora teve expressivos ganhos reais, com forte elevação da massa salarial.

Em suma: os movimentos não estão mais na fase da resistência. Junto com o país, passaram à ofensiva. Obviamente, sua agenda agora é outra, muito mais propositiva e anunciadora. Já não lutam para impedir a supressão de direitos, como na década de 1990, e sim para ampliá-los e universalizá-los. Querem manter e intensificar o atual ciclo de crescimento, distribuindo cada vez melhor os seus frutos. Lutam, por exemplo, para que os recursos do pré-sal beneficiem o conjunto da sociedade brasileira e sejam, de fato, destinados à inclusão social e à revolução educacional, cultural e científica que o país almeja. Lutam para aprofundar a democracia. Querem garantir as enormes conquistas obtidas ao longo do governo Lula – e continuar avançando.

É justamente para tornar irreversíveis as conquistas sociais e participativas alcançadas desde 2003, assentando as bases de novos avanços, que o governo enviará brevemente ao Congresso Nacional o projeto de Consolidação das Leis Sociais. Reivindicado pelas organizações populares e pelo conjunto da sociedade civil, ele se propõe a institucionalizar – tornando-os políticas de Estado – os programas sociais e os canais de participação que foram decisivos para o extraordinário êxito recente do Brasil.

ANEXOS

CONFERÊNCIAS NACIONAIS REALIZADAS DE 2003 A 2009			
Conferências	Convocação	N°	Data/ano
Conferência Nacional dos Direitos Humanos	Secretaria Especial dos Direitos Humanos	4	2003/2004/2006/2008
Conferência Nacional dos Direitos da Criança e do Adolescente	Secretaria Especial dos Direitos Humanos	4	2003/2005/2007/2009
Conferência Nacional dos Direitos da Pessoa com Deficiência	Secretaria Especial dos Direitos Humanos	2	2006/2008
Conferência Nacional dos Direitos da Pessoa Idosa	Secretaria Especial dos Direitos Humanos	2	2006/2009
Conferência de Gays, Lésbicas, Bissexuais, Travestis e Transexuais	Secretaria Especial dos Direitos Humanos	1	2008
Conferência Nacional de Políticas de Promoção da Igualdade Racial	Secretaria Especial de Promoção da Igualdade Racial	2	2005/2009
Conferência Nacional de Políticas Públicas para as Mulheres	Secretaria Especial de Políticas para as Mulheres	2	2004/2007
Conferência Nacional de Aquicultura e Pesca	Secretaria Especial de Aquicultura e Pesca	3	2003/2006/2009
Conferência Nacional de Segurança Alimentar e Nutricional	Conselho Nacional de Segurança Alimentar	2	2004/2007
Conferência Nacional de Juventude	Secretaria-Geral da Presidência da República	1	2008
Conferência Nacional de Saúde	Ministério da Saúde	2	2003/2007
Conferência Nacional de Ciência, Tecnologia e Inovação em Saúde	Ministério da Saúde	1	2004
Conferência Nacional de Medicamentos e Assistência Farmacêutica	Ministério da Saúde	1	2003
Conferência Nacional de Saúde Bucal	Ministério da Saúde	1	2004
Conferência Nacional de Gestão do Trabalho e da Educação na Saúde	Ministério da Saúde, Ministério do Trabalho e Emprego e Ministério da Previdência Social	1	2006
Conferência Nacional de Saúde Indígena	Ministério da Saúde	1	2006
Conferência Nacional de Saúde do Trabalhador	Ministério da Saúde	1	2005
Conferência Nacional de Educação Básica	Ministério da Educação	1	2008

Conferências	Convocação	N°	Data/ano
Conferência Nacional de Educação Profissional Tecnológica	Ministério da Educação	1	2006
Conferência Nacional Infantojuvenil pelo Meio Ambiente	Ministério da Educação, Ministério do Meio Ambiente	3	2003/2006/2009
Conf. Nacional do Meio Ambiente	Ministério do Meio Ambiente	3	2003/2005/2008
Conferência Nacional de Assistência Social	Ministério do Desenvolvimento Social e Combate à Fome	4	2003/2005/2007
Conferência Brasileira de Arranjos Produtivos Locais	Ministério do Desenvolvimento, Indústria e Comércio Exterior	3	2004/2005/2007
Conferência Nacional de Desenvolvimento Rural Sustentável	Ministério do Desenvolvimento Agrário	1	2008
Conferência Nacional de Ciência, Tecnologia e Inovação	Ministério da Ciência e Tecnologia	1	2005
Conferência Nacional das Cidades	Ministério das Cidades	3	2003/2005/2007
Conferência Nacional de Economia Solidária	Ministério do Trabalho e Emprego	1	2006
Conferência Nacional de Aprendizagem Profissional	Ministério do Trabalho e Emprego	1	2008
Conferência Nacional do Esporte, Lazer e Desenvolvimento Humano	Ministério do Esporte	2	2004/2006
Conf. Nacional de Segurança Pública	Ministério da Justiça	1	2009
Conferência Nacional dos Povos Indígenas	Ministério da Justiça, Funai	1	2006
Conferência Nacional de Cultura	Ministério da Cultura	2	2005/2010
Conferência das Comunidades Brasileiras no Exterior	Ministério das Relações Exteriores	1	2008
Conf. Nacional de Recursos Humanos da Administração Pública Federal	Ministério do Planejamento, Orçamento e Gestão	1	2009
Conf. Nacional de Comunicação	Ministério das Comunicações	1	2009
Conferência Nacional de Educação Escolar Indígena	Ministério da Educação, Ministério da Justiça, Funai	1	2009
Conf. Nacional de Saúde Mental	Ministério da Saúde, Ministério das Cidades, Ministério do Meio Ambiente	1	2009
Conferência Nacional de Educação	Ministério da Educação	1	2009/2010

CONSELHOS EXISTENTES NO DO GOVERNO FEDERAL	
Conselho	Vínculo
Conselho Nacional de Desenvolvimento Rural Sustentável	Ministério do Desenvolvimento Agrário
Conselho do Fundo Nacional da Pobreza	Ministério do Desenvolvimento Social
Conselho Nacional de Assistência Social	Ministério do Desenvolvimento Social
Conselho Nacional do Esporte	Ministério do Esporte
Conselho de Gestão do Patrimônio Genético	Ministério do Meio Ambiente
Conselho Nacional de Recursos Hídricos	Ministério do Meio Ambiente
Conselho Nacional do Meio Ambiente	Ministério do Meio Ambiente
Conselho Curador do FGTS	Ministério do Trabalho e Emprego
Conselho Deliberativo do FAT	Ministério do Trabalho e Emprego
Conselho Nacional de Economia Solidária	Ministério do Trabalho e Emprego
Conselho Nacional de Imigração	Ministério do Trabalho e Emprego
Conselho Nacional de Turismo	Ministério do Turismo
Conselho de Defesa Nacional	Presidência da República
Conselho Nacional de Segurança Alimentar e Nutricional	Presidência da República
Conselho de Desenvolvimento Econômico e Social	Secretaria de Relações Institucionais
Conselho Nacional de Aquicultura e Pesca	Secretaria Especial de Aquicultura e Pesca
Conselho Nacional de Promoção da Igualdade Racial	Secretaria Especial de Políticas de Promoção da Igualdade Racial
Conselho Nacional dos Direitos da Mulher	Secretaria Especial de Política para as Mulheres
Conselho de Defesa dos Direitos da Pessoa Humana	Secretaria Especial dos Direitos Humanos
Conselho Nacional de Combate à Discriminação	Secretaria Especial dos Direitos Humanos
Conselho Nacional dos Direitos da Criança e do Adolescente	Secretaria Especial dos Direitos Humanos
Conselho Nacional dos Direitos da Pessoa Portadora de Deficiência	Secretaria Especial dos Direitos Humanos
Conselho Nacional dos Direitos do Idoso	Secretaria Especial dos Direitos Humanos
Conselho Nacional de Juventude	Secretaria-Geral
Conselho Consultivo da Fundação Casa de Rui Barbosa	Ministério da Cultura
Conselho Consultivo do IPHAN	Ministério da Cultura
Conselho Curador da Fundação Palmares	Ministério da Cultura
Conselho Nacional de Política Cultural	Ministério da Cultura
Conselho Superior de Cinema	Casa Civil
Conselho de Acompanhamento do Fundeb	Ministério da Educação
Conselho Nacional de Educação	Ministério da Educação

Conselho	Vínculo
Conselho de Recursos do Sistema Financeiro Nacional	Ministério da Fazenda
Conselho dos Contribuintes	Ministério da Fazenda
Conselho Nacional de Seguros Privados	Ministério da Fazenda
Conselho Federal Gestor do Fundo de Defesa dos Direitos Difusos	Ministério da Justiça
Conselho Gestor do Fundo Nacional de Segurança Pública	Ministério da Justiça
Conselho Indigenista da Fundação Nacional do Índio	Ministério da Justiça
Conselho Nacional de Combate à Pirataria e Delitos contra a Propriedade Intelectual	Ministério da Justiça
Conselho Nacional de Política Criminal e Penitenciária	Ministério da Justiça
Conselho Nacional de Segurança Pública	Ministério da Justiça
Conselho de Gestão da Previdência Complementar	Ministério da Previdência Social
Conselho Nacional de Previdência Social	Ministério da Previdência Social
Conselho Consultivo da Agência Nacional de Vigilância Sanitária	Ministério da Saúde
Conselho Nacional de Saúde	Ministério da Saúde
Conselho das Cidades	Ministério das Cidades
Conselho Gestor do Fundo Nacional de Habitação de Interesse Social	Ministério das Cidades
Conselho de Administração da Financiadora de Estudos e Projetos	Ministério de Ciência e Tecnologia
Conselho de Administração do Centro de Gestão de Estudos Estratégicos	Ministério de Ciência e Tecnologia
Conselho Deliberativo do CNPQ	Ministério de Ciência e Tecnologia
Conselho Nacional de Ciência e Tecnologia	Ministério de Ciência e Tecnologia
Conselho Nacional de Desenvolvimento Científico e Tecnológico	Ministério de Ciência e Tecnologia
Conselho de Política Industrial	Ministério do Desenvolvimento, Ind. e Com. Exterior
Conselho de Administração da Superintendência da Zona Franca de Manaus	Ministério do Desenvolvimento, Ind. e Com. Exterior
Conselho de Orientação do Fundo Nacional de Desenvolvimento – FND	Ministério do Desenvolvimento, Ind. e Com. Exterior
Conselho Superior da Advocacia-Geral da União	Advocacia-Geral da União
Conselho Nacional de Arquivos	Arquivo Nacional
Conselho da Transparência Pública e Combate à Corrupção	Controladoria-Geral da União
Conselho Nacional Antidrogas	Gabinete de Segurança Institucional
Conselho Deliberativo da Política do Café	Ministério da Agricultura, Pecuária e Abastecimento
Conselho Interministerial do Açúcar e do Álcool	Ministério da Agricultura, Pecuária e Abastecimento
Conselho Nacional de Política Agrícola	Ministério da Agricultura, Pecuária e Abastecimento

OUVIDORIAS EXISTENTES NO ÂMBITO DO GOVERNO FEDERAL
Presidência da República
Ouvidoria da Advocacia-Geral da União (AGU) Ouvidoria da Imprensa Nacional (IN) Ouvidoria-Geral da Cidadania – Secretaria Especial de Direitos Humanos Ouvidoria da Secretaria Especial de Políticas para as Mulheres (SPM) Ouvidoria da Agência Brasileira de Inteligência (Abin) Ouvidoria da Secretaria Especial de Políticas de Promoção da Igualdade Racial
Ministérios
Ouvidoria-Geral do Ministério da Fazenda Ouvidoria-Geral do Ministério da Integração Nacional Ouvidoria-Geral do Ministério da Previdência Social Ouvidoria Agrária Nacional – Ministério do Desenvolvimento Agrário Ouvidoria do Ministério do Desenvolvimento, Indústria e Comércio Exterior Ouvidoria-Geral do Sistema Único de Saúde (SUS) Ouvidoria-Geral do Ministério do Trabalho e Emprego Ouvidoria do Ministério do Turismo Ouvidoria do Servidor – Ministério do Planejamento, Orçamento e Gestão Ouvidoria do Ministério das Comunicações Ouvidoria do Ministério do Esporte Ouvidoria do Ministério do Desenvolvimento Social e Combate à Fome Ouvidoria-Geral do Ministério de Minas e Energia Ouvidoria-Geral do Ministério da Agricultura, Pecuária e Abastecimento Ouvidoria do Ministério da Ciência e Tecnologia Ouvidoria do Ministério da Cultura
Companhias e Departamentos
Ouvidoria da Companhia Nacional de Abastecimento (Conab) Ouvidoria do Departamento Nacional de Infraestrutura de Transportes (Denit) Ouvidoria do Departamento Nacional de Obras contra as Secas (DNOCS) Ouvidoria do Sistema Penitenciário do Departamento Penitenciário Nacional (Depen/MJ)
Fundações, Institutos e Autarquias
Ouvidoria-Geral da Fundação Petrobras de Seguridade Social (Petros) Ouvidoria da Fundação Oswaldo Cruz (Fiocruz) Ouvidoria do Inst. Brasileiro de Meio Ambiente e de Recursos Naturais Renováveis (Ibama) Ouvidoria do Inst. Nacional de Metrologia, Normalização e Qualidade Industrial (INMTRO) Ouvidoria do Instituto Nacional de Pesquisa da Amazônia (MCT) Ouvidoria do Instituto Nacional de Tecnologia INT Ouvidoria do Instituto Nacional de Pesquisa Econômica Aplicada (Ipea) Ouvidoria do Instituto Nacional da Propriedade Industrial (Inpi) Ouvidoria do Instituto Nacional do Câncer (Inca) Ouvidoria do Instituto de Resseguros do Brasil S/A (IRB) Ouvidoria da Superintendência do Desenvolvimento do Nordeste (Sudene)

Ouvidoria da Superintendência do Desenvolvimento da Amazônia (Sudam)
Ouvidoria da Comissão de Valores Mobiliários (CVM)
Ouvidoria do Fundo Nacional de Desenvolvimento da Educação (FNDE)
Ouvidoria do Instituto Chico Mendes de Conservação da Biodiversidade

Empresas Públicas

Ouvidoria da Empresa Brasileira de Pesquisa Agropecuária (Embrapa)
Ouvidoria da Empresa Brasileira de Infraestrutura Aeroportuária (Infraero)
Ouvidoria Interna do Serviço Federal de Processamento de Dados (Serpro)
Ouvidoria das Centrais Elétricas Brasileiras S/A (Eletrobrás)
Ouvidoria da Eletrobrás Termonuclear S/A (Eletronuclear)
Ouvidoria das Centrais Elétricas do Norte do Brasil S/A (Eletronorte)
Ouvidoria das Centrais Elétricas S/A (Eletrosul)
Ouv. da Empresa de Transp. Marítimo e Dutos e Terminais do Sistema da Petrobras (Transpetro)
Ouvidoria de Furnas Centrais Elétricas S/A (Furnas)
Ouvidoria-Geral da Empresa Brasileira de Comunicação S/A (EBC/Radiobrás)
Ouvidoria da BR Petrobras Distribuidora S/A
Ouvidoria-Geral da Petróleo Brasileiro S/A (Petrobras)
Ouvidoria da Companhia Docas do Estado de São Paulo (Codesp) (Porto de Santos)
Ouvidoria da Comp. de Pesquisa de Recursos Minerais/Serviço Geológico do Brasil (CPRM)
Ouvidoria da Companhia Nacional de Abastecimento (Conab)

Bancos

Ouvidoria Externa do Banco do Brasil S/A
Ouvidoria do Banco do Estado de Santa Catarina S/A
Ouvidoria do Banco Nacional de Desenvolvimento Econômico e Social
Ouvidoria da Caixa Econômica Federal
Ouvidoria do Banco do Nordeste do Brasil
Ouvidoria do Banco Central do Brasil

Instituições de Ensino

Ouvidoria-Geral da Universidade Federal do Espírito Santo (UFES)
Ouvidoria da Universidade Federal de Juiz de Fora (UFJF)
Ouvidoria da Universidade Federal de Mato Grosso (UFMT)
Ouvidoria da Universidade Federal da Paraíba (UFPB)
Ouvidoria da Universidade Federal do Rio Grande do Norte (UFRN)
Ouvidoria da Universidade de Santa Catarina (UFSC)
Ouvidoria da Universidade Federal de Viçosa (UFV)
Ouvidoria da Universidade Federal de Goiás (UFG)
Ouvidoria da Universidade Federal do Ceará (UFCE)
Ouvidoria da Fundação Universidade Federal de Uberlândia/MG (UFU)
Ouvidoria da Fundação Universidade Federal de Mato Grosso do Sul (UFMS)
Ouvidoria da Universidade Federal do Paraná (UFPR)
Ouvidoria-Geral da Universidade Federal do Rio de Janeiro (UFRJ)
Ouvidoria da Universidade Federal Rural de Pernambuco (UFRPE)

Ouvidoria do Centro Federal de Educação Tecnológica de Campos – Cefet Campos Ouvidoria do Centro Federal de Educação Tecnológica da PB (Cefet/PB) Ouvidoria On-line do Centro Federal de Educação Tecnológica do Maranhão (Cefet/MA) Ouvidoria do Centro Federal de Educação Tecnológica de Bambuí/MG – Cefet Bambuí
Agências
Ouvidoria da Agência Nacional de Telecomunicações (Anatel) Ouvidoria-Geral da Agência Nacional de Cinema (Ancine) Ouvidoria da Agência Nacional de Saúde Suplementar (ANS) Ouvidoria da Agência Nacional de Transportes Aquaviários (Antaq) Ouvidoria da Agencia Nacional de Transportes Terrestres (ANTT) Ouvidoria da Agência Nacional de Vigilância Sanitária (Anvisa) Ouvidoria da Agencia Nacional de Aviação Civil (Anac)
Hospitais
Ouvidoria do Hospital São Paulo (Unifesp) Ouvidoria-Geral do Hospital das Clínicas da Universidade Federal de Pernambuco Ouvidoria-Geral do Hospital Universitário Clementino Fraga Filho Ouvidoria do Hospital Geral de Bonsucesso Ouvidoria do Hospital Universitário Antônio Pedro Ouvidoria do Hospital das Clínicas de Porto Alegre Ouvidoria do Hospital das Clínicas Ouvidoria do Hospital Universitário de Brasília Ouvidoria do Hospital-Escola São Francisco de Assis Ouvidoria do Hospital Universitário João de Barros Barreto Ouvidoria do Hospital Universitário Antônio Pedro Ouvidoria do Hospital Universitário Francisca Mendes

MARCO AURÉLIO GARCIA[1]

O LUGAR DO BRASIL NO MUNDO: A POLÍTICA EXTERNA EM UM MOMENTO DE TRANSIÇÃO

À memória de Nani Stuart e de Gilberto Dupas

O lugar que um país pode ocupar no mundo é duplamente determinado. De um lado, estão condicionantes econômicas, sociais, políticas e culturais internas. De outro, a correlação de forças internacional.

Por mais constrangimentos que esses fatores possam exercer – e sabemos que não são poucos –, sempre haverá espaço, maior ou menor, para modificar seu curso. Afinal a política, incluindo a política externa, é essencialmente construção histórica coletiva, por certo condicionada, mas não mera expressão de supostas "determinações objetivas", como se a "objetividade" não fosse também obra da ação humana.

Em 2002, o Brasil e o mundo viviam um momento de transição. Nessas circunstâncias, a eleição de Lula representou, ao mesmo tempo, um voto de protesto e um sinal de esperança. Por meio dela, a sociedade brasileira buscava realizar a experiência sem precedentes de ser governada à esquerda.

Ainda que a mudança se anunciasse como moderada, conforme preconizava a "Carta aos Brasileiros", a pesada herança conjuntural e estrutural recebida impunha um conjunto de transformações profundas. Sem elas, não só seriam frustradas as expectati-

---

[1] Assessor de Política Externa do Presidente da República, professor licenciado do Departamento de História da Universidade Estadual de Campinas (Unicamp) e membro da direção nacional do Partido dos Trabalhadores.

vas e esperanças de milhões de homens e de mulheres como havia o sério risco de o país mergulhar em profunda e irreversível crise, da qual surgiam sinais evidentes.

O governo Lula foi iniciado no mesmo momento em que o governo dos Estados Unidos preparava a insensata aventura no Oriente Médio. Em dezembro de 2002, antes de sua posse, Lula constatou nas conversações mantidas no salão oval da Casa Branca a obsessão de George W. Bush de atacar o Iraque. Ao replicar ao presidente norte-americano que sua guerra seria "contra a fome e a pobreza", Lula não só se dissociava dos planos de Bush como anunciava uma agenda distinta que tanto no plano interno quanto no externo marcaria seu governo.

A Guerra do Iraque e seus trágicos desdobramentos ulteriores, contra a qual o presidente brasileiro se mobilizou intensamente no plano internacional nas primeiras semanas de seu governo, deu mais um sinal de que a hegemonia norte-americana no mundo começava a ser questionada. Foi sintomática a resistência que a política dos Estados Unidos sofreu naquela conjuntura. Não só da parte de grandes potências – França, Alemanha, Rússia, China – como também do Chile e do México, que se recusaram, no Conselho de Segurança das Nações Unidas, a dar o aval ao ataque.

Não por acaso o tema do multilateralismo voltou a ocupar lugar de destaque no debate internacional.

Pouco mais de uma década antes, os Estados Unidos apareciam aos olhos do mundo como única e indiscutível potência global. Haviam derrotado, pacificamente, a União Soviética e, militarmente, o Iraque. Sua economia vicejava. O ideário do Consenso de Washington oferecia parâmetros para os cinco continentes.

É verdade que as sucessivas crises dos anos 1990 – em que o México, o Sudeste Asiático e a Rússia foram muito atingidos – enviavam sinais alarmantes sobre uma globalização financeira dominada pela desregulamentação dos mercados. Mas também é certo que esses sinais não foram suficientemente fortes para convencer governantes de que as ameaças viriam a se materializar dramaticamente em 2008.

O único sinal mais preocupante para a hegemonia norte-americana no mundo era o crescimento espetacular da China e as evidentes implicações que esse fato teria, a médio prazo, para o equilíbrio internacional de forças.

ACIMA DAS SANDÁLIAS

Por que o Brasil passou a ocupar um novo e relevante lugar no mundo, em um espaço de tempo inferior a uma década?

Por que passou a ser convidado às reuniões do G8, a integrar o G20 financeiro e o Bric (Brasil, Rússia, Índia e China, grupo de países emergentes), além de estar na origem do G20 da Organização Mundial do Comércio (OMC), que mudou a lógica das negociações comerciais no mundo?

Por que a grande imprensa mundial passou a tratar o país de forma elogiosa nas páginas de economia e política, quando antes o Brasil aparecia, quase exclusivamente, no noticiário esportivo ou policial?

Não podem ser excluídas a personalidade carismática do presidente nem a qualidade da diplomacia brasileira, fatores que contribuíram para a projeção que o país passou a ter no mundo. Tampouco deverão ser descartadas as diretrizes de política externa que, sob a inspiração direta de Lula, o Itamaraty implementou com competência.

Há que buscar outro elemento, no entanto, sem o qual o Brasil não poderia estar no lugar que hoje ocupa no cenário internacional. Esse elemento está diretamente ligado às transformações internas pelas quais o país passou nos dois governos de Lula.

No século XX, o Brasil em cinco décadas, sobretudo entre os anos 1930 e 1980, experimentou um crescimento econômico acelerado – 6,7% de média anual –, algo semelhante ao desempenho da economia chinesa nos últimos 20 anos.

Esse crescimento, que projetou o país entre as oito maiores economias do mundo, foi acompanhado, no entanto, de uma concentração de renda extraordinária, que situou o Brasil entre os países mais desiguais do planeta.

A desigualdade não só se expressava nos números frios das estatísticas econômicas e sociais como aparecia nas diferenças entre o Centro-Sul rico e o Norte-Nordeste, pobre ou miserável, ou mesmo no interior das grandes metrópoles do Sudeste. Estava presente na discriminação contr a população negra e a indígena, ou mesmo contra as mulheres, uma prática não sancionada institucionalmente, mas parte dos "usos e costumes" nacionais. Manifestava-se, finalmente, na concentração de conhecimento em um país que podia exibir, lado a lado, a excelência de suas universidades e dezenas de milhões de analfabetos.

Apresentada como sociedade "dual", a "Belíndia" brasileira (mistura de Bélgica com Índia) apareceu aos olhos de alguns – aí incluindo um ex-presidente – como um país incapaz de integrar ao menos 1/3 de sua população, condenada a permanecer à margem do "novo Renascimento" supostamente em curso no mundo.

Faltava entender que tal fenômeno, apresentado como *dualismo* da economia e da sociedade brasileira, menos que acidente histórico ou até anomalia conceitual, era a consequência de uma estratégia vitoriosa dos donos do poder, que sempre haviam logrado "modernizar" o país sem realizar reformas, conservando as estruturas passadas. A incapacidade de derrotar esse projeto perverso punha a nu a incapacidade das forças políticas, empenhadas na mudança, de construir um projeto de transformação que fosse além da retórica e conseguisse articular um novo bloco social para enfrentar os grandes desafios nacionais.

A experiência desses 50 anos da história republicana demonstrava, além de um crescimento acompanhado de forte concentração de renda, uma recorrente instabilidade macroeconômica, forte vulnerabilidade externa e pronunciado déficit democrático. Mais da metade dos 55 anos que separam 1930 de 1985 passaram-se sob regime de exceção. E, mesmo nos intervalos democráticos desse período, persistiu uma democracia mitigada.

Era difícil imaginar como o Brasil, eternamente apresentado como "país do futuro", com tamanho lastro, poderia aspirar a um lugar mais importante no mundo, correspondente a seu potencial.

Desde 2003, no espaço de sete anos, foram enfrentados com êxito grandes problemas da sociedade brasileira e atingiram-se resultados como o crescimento com distribuição de renda, permitindo forte inclusão social, o equilíbrio macroeconômico, dando sustentabilidade ao desenvolvimento, e a redução da vulnerabilidade externa, protegendo o país das crises internacionais. Tudo isso no marco do alargamento e do aprofundamento democrático.

Não procede, portanto, o raciocínio cético de alguns, segundo o qual a projeção que o Brasil alcançou no mundo de hoje é efêmera, simples reiteração de situações passadas, a exemplo daquela vivida durante o "milagre econômico" nos tempos do regime militar.

Desde os anos 1980 – a década perdida –, o país confrontou duas agendas: a de um desenvolvimentismo superado, pois instável no plano macroeconômico, socialmente excludente e, não raro, politicamente autoritário, e a neoliberal, celebrada *urbi et orbi* pelos supostos êxitos colhidos no Reino Unido de Margaret Thatcher ou no Chile de Augusto Pinochet.

A força do ideário conservador viu-se agigantada a partir do colapso do "socialismo real" na União das Repúblicas Socialistas Soviéticas (URSS) e na Europa do Leste, dos descaminhos da social-democracia na Europa ocidental ou mesmo dos impasses do nacional-desenvolvimentismo no então chamado "Terceiro Mundo".

A opção pela agenda conservadora, simbolizada pela eleição de Collor de Mello e, posteriormente, de Fernando Henrique Cardoso (FHC), significou dar prioridade ao equilíbrio fiscal sobre o desenvolvimento, que se manteve nulo ou instável. Significou também não enfrentar a exclusão social, aprofundar a vulnerabilidade externa e levar adiante o desmantelamento do Estado. O controle da inflação – logrado no final do governo Itamar Franco e nos primeiros anos da administração FHC – não foi capaz de resolver os desafios clássicos de nossa economia e sociedade. Foi obtido à custa de uma política cambial desastrosa, de um processo de privatizações que torrou cerca de 100 bilhões de dólares e de uma política fiscal que comprometeu a capacidade de planejamento estratégico do Estado. Sua debilidade apareceu na crise do apagão elétrico ou no abandono a que foram relegadas nossas universidades, apenas para citar dois exemplos de uma série de outros.

Um elemento mais grave a destacar: a política macroeconômica da época não foi sequer capaz de lograr os efeitos estabilizadores que anotava como sua prioridade. Foi o que se viu por ocasião da crise russa em setembro de 1998, ou na (maxi) desvalorização do real "pelo mercado" (sic!) em janeiro de 1999 ou, finalmente, nas fortes pressões inflacionárias que se manifestaram em 2002.

Acompanhando essa agenda econômica de "uma nota só", nossa política externa sofria de autolimitações evidentes. Às vésperas de deixar as funções de ministro das Relações Exteriores, o embaixador Luiz Felipe Lampreia afirmava sem inibições: "O Brasil tem um papel adequado a seu tamanho. O Brasil não pode querer ser mais do que é, mesmo porque tem uma série de limitações, a principal das quais é seu déficit social"[2].

Esse "complexo de vira-lata", retomando a expressão usada por Nelson Rodrigues para identificar um sentimento de subalternidade que perpassa setores da elite brasileira, ainda hoje pode ser detectado entre "observadores" da política externa – alguns ex-diplomatas – sempre que o Brasil assume maiores responsabilidades no cenário internacional, subindo, para empregar a expressão de um ex-embaixador, "acima de suas sandálias".

A retomada do crescimento com forte distribuição de renda – a volta do desenvolvimento –, o controle da inflação, a redução da relação dívida interna/PIB, os êxitos do comércio exterior, a passagem da condição de devedor à de credor internacional e, sobretudo, os grandes avanços no combate à pobreza e à exclusão social criaram condições para uma política externa mais "ativa e altiva", para empregar a expressão do chanceler Celso Amorim.

A política externa do governo Lula não ficou, porém, à espera de que esses resultados econômicos e sociais se materializassem.

Definiu desde o início suas prioridades, estabelecendo uma nova articulação entre o "externo" e o "interno". Soube entender

---

2 *Jornal do Brasil*, 17 de dezembro de 2000, p. 20.

que o interesse nacional não pode existir separado da posição que o país busca ocupar em um mundo assimétrico e complexo, como aquele em que vivemos hoje.

Houve o entendimento de que a política externa não poderia ser apenas um instrumento de projeção dos interesses nacionais no cenário internacional, mas que nossa inserção no mundo, sobretudo na região, teria uma incidência decisiva sobre nosso projeto nacional de desenvolvimento. Seria um de seus elementos constitutivos.

A OPÇÃO SUL-AMERICANA

A partir de 2003, a prioridade número um da política externa foi uma forte aproximação com os 12 países que integram a América do Sul, dez dos quais fazem fronteira com o Brasil.

O primeiro instrumento para a realização de uma política sul-americana foi o Mercado Comum do Sul (Mercosul), à época integrado pela Argentina, pelo Brasil, pelo Paraguai e pelo Uruguai, tendo o Chile e a Bolívia como países associados.

Já era difundida e aceita a tese de que o Mercosul deveria ir além de uma associação puramente comercial, para avançar em outras dimensões, especialmente na da integração produtiva.

Para tanto, duas dificuldades precisavam ser enfrentadas.

A primeira era a de que a própria integração comercial não se completara. O Mercosul pretendia ser uma União Aduaneira, mas ainda estava longe disso. A segunda dificuldade, talvez a maior delas, estava ligada ao fato de que, sendo uma União Aduaneira, ainda que imperfeita, perdia capacidade de atração sobre outros países da região que permaneciam céticos ou haviam feito distintas opções em matéria comercial. Era o caso da Comunidade Andina (Can), da Comunidade do Caribe (Caricom) ou do Chile, que estavam empenhados em firmar tratados de livre-comércio com os Estados Unidos e outros países desenvolvidos. Os desdobramentos da situação sul-americana, desde aquela época, só vieram a aprofundar essa heterogeneidade de regimes comerciais.

De qualquer maneira, mesmo vivendo dificuldades internas, o Mercosul foi capaz de atrair para a condição de associados todos os países da América do Sul e ainda outros, como o México e Cuba, além de estabelecer acordos com países de fora da América Latina.

Dessa associação mais ampla surgiu a ideia de fundar a Comunidade Sul-Americana de Nações, proposta pelo Brasil, mais tarde denominada União das Nações Sul-Americanas (Unasul).

Ela surgia de uma dupla e contraditória constatação. A América do Sul possuía e possui trunfos extraordinários para uma inserção competitiva no mundo de hoje. Porém, seu nível atual de integração dificultava a realização dessa vocação.

Estão entre os trunfos da região o seu potencial energético – o maior do mundo, considerando sua produção e reservas de petróleo e gás – e a sua capacidade em energia hidroelétrica, eólica e na área dos biocombustíveis. A região possui não só um terço das reservas de água do planeta como uma extraordinária biodiversidade, até agora pouco explorada. A isso se somam as riquezas do continente em recursos minerais e sua capacidade de produção de alimentos, itens que serão cada vez mais procurados no mundo.

Zona de paz, beneficiada por incomum situação de estabilidade política, todos os países têm governos constituídos por meio de eleições democráticas, com extensa participação da sociedade. Mesmo aqueles países que podem dar a impressão de estar vivendo instabilidade estão passando, em realidade, por processos de ajuste institucional, necessários sempre que o espaço público se amplia e as estruturas governamentais passadas não são capazes de dar conta do ingresso de novos personagens na cena política.

Com escassos contenciosos de fronteira – solucionáveis por via diplomática –, a América do Sul enfrenta como seu principal desafio a resolução das desigualdades sociais que ainda marcam todos os seus países. No entanto, as políticas seguidas em praticamente toda a região mostram a adoção de orientações econômicas e sociais que contribuem, em maior ou menor medida, para a redução da pobreza e da desigualdade. O êxito dessas políticas – do qual o Brasil é um exemplo concreto, mas não único – contribuirá para dar à região uma vantagem suplementar. Seus mais de 350 milhões de habitantes estão gradativamente constituindo um gigantesco mercado de consumo que poderá transformar-se – como ocorreu no caso brasileiro – em extraordinário fator de crescimento econômico e de estabilidade social.

Entretanto existem sérios obstáculos à integração, como o baixo índice de conexão física, energética, produtiva e financeira. O êxito da Unasul está diretamente ligado à sua capacidade de articular enormes recursos energéticos, colocando-os à disposição de todos os países da região. Da mesma forma, é imperioso construir estradas, pontes, portos, aeroportos e outras obras viárias que favoreçam a aproximação não só das economias locais, mas de seus homens e mulheres. Isso permitirá ligar os dois oceanos, interiorizar o desenvolvimento, integrar os sistemas produtivos, bem como fortalecer uma cidadania e uma cultura regionais.

O Brasil compreendeu que somente por intermédio do comércio não se resolvem os problemas da construção de uma América do Sul integrada, justa e democrática. Ao contrário, a integração comercial pode, nas circunstâncias atuais, agravar as assimetrias entre países mais desenvolvidos e de economia mais complexa e diversificada, como o Brasil e a Argentina, de um lado, e os demais, de outro.

Além da integração física e energética, é necessário construir instrumentos de integração produtiva que permitam a todos os países da região agregar valor a seus produtos naturais, garantir sua segurança alimentar, dispor de capacidade de investimento, sem que tenham de se sujeitar aos constrangimentos que a maioria das instituições financeiras internacionais estabeleceu até hoje.

Daí por que ganham importância instrumentos como os fundos para o desenvolvimento, os acordos comerciais em moedas nacionais e, particularmente, o Banco do Sul, recentemente criado.

É evidente que, para alcançar essas metas de integração e, mais tarde, para consolidá-las, são necessárias instituições que, respeitando a soberania nacional de cada país-membro, sejam capazes de fortalecer a solidariedade decorrente de uma integração com crescente conteúdo supranacional, porém, ao mesmo tempo, isenta de pretensões hegemônicas.

Para levar adiante políticas sociais integradas, assim como para combater a criminalidade transnacional, em especial o narcotráfico, da mesma forma que para assegurar uma política de defesa comum, são necessárias iniciativas que proporcionem eficácia ao processo de integração.

Entre muitos exemplos a serem resgatados estão o combate ao narcotráfico e a reconstituição dos mecanismos de defesa dos países da região. De um lado, a experiência de muitos países da América do Sul – a Bolívia, por exemplo – demonstra que a assistência de agências extrarregionais no combate ao narcotráfico, além de ineficaz, envolve com frequência descabida ingerência em assuntos internos do país, muitos dos quais sem nenhuma ligação com o enfrentamento da criminalidade. Daí a decisão de criar um Conselho Sul-Americano de Combate ao Narcotráfico.

De outro lado, a percepção de que não há efetiva política de integração regional sem uma política própria de defesa, o que levou os países da Unasul a criar o Conselho Sul-Americano de Defesa, cujo propósito é, em primeiro lugar, contribuir para a construção de uma doutrina de defesa própria da região. Ao mesmo tempo em que respeita a soberania nacional dos países-membros, essa doutrina não inclui temas alheios à nossa problemática regional. Deve também desenvolver instrumentos capazes de fortalecer a confiança entre os países da região por meio do exercício da transparência na troca de informações sobre estratégias e práticas de defesa e opções em termos de armamento, além de propiciar o intercâmbio de pessoal e estabelecer bases para uma indústria militar regional.

O processo de integração sul-americana exige consistência e rapidez, tendo em vista o momento de transição que o planeta vive, de um mundo unipolar para um mundo multipolar. A América do Sul pode constituir-se em um dos polos dessa nova configuração geopolítica internacional.

Ao mesmo tempo, a existência de um organismo regional como a Unasul pode contribuir para restabelecer a paz e o equilíbrio institucional em países eventualmente confrontados com graves crises internas. Passados poucos meses de sua criação, a Unasul foi fundamental para encontrar uma solução pacífica para o conflito que ameaçava a própria integridade territorial da Bolívia.

Os processos de integração apresentam enorme complexidade, como ilustra a experiência europeia. No caso da América do Sul, como foi em parte mencionado anteriormente, esse processo apresenta uma dificuldade particular: o enorme descompasso territorial, populacional e econômico entre o Brasil e seus vizinhos.

Essa assimetria tem profundas implicações para as iniciativas diplomáticas do Brasil na região. No passado, outros ensaios de integração não prosperaram, porque o tema das assimetrias, mesmo que formalmente reconhecido, não era efetivamente levado em conta.

O fato de ser maior impõe ao Brasil maiores responsabilidades. Por ter compreendido e assumido essas responsabilidades diferenciadas é que o governo brasileiro se portou adequadamente em seus relacionamentos com a Bolívia, quanto à questão do gás, ou com o Paraguai, a respeito do uso da energia elétrica, para citar dois episódios com grande repercussão e alvos da incompreensão e da oposição de alguns.

O governo Lula herdou do regime militar o acordo com o Paraguai sobre a Hidrelétrica Binacional de Itaipu e do governo FHC o gasoduto com a Bolívia. A decisão dos militares de construir Itaipu em associação com o Paraguai, arcando o governo brasileiro com a totalidade dos custos, mais que uma opção de política energética, teve clara significação geopolítica. De acordo com a lógica daqueles tempos, a finalidade era atrair o Paraguai, isolando a Argentina. A resolução dos impasses daí decorrentes exigia uma saída política, muito mais do que uma solução técnica. Com esse espírito, o presidente Lula chegou aos recentes acordos com o novo governo paraguaio.

Nos anos 1990, a decisão do governo FHC de tornar o Brasil dependente do gás boliviano foi, no mínimo, arriscada, tendo em vista a instabilidade que a Bolívia vivia naquele momento, estendida até os primeiros anos do século XXI.

Nos dois casos, o governo Lula atuou movido pela necessidade de garantir a segurança energética do país. Mas sua atitude esteve também informada por questões de princípios. A Bolívia tinha direito à propriedade de seus recursos naturais, como o Brasil o tem e exerce. O governo Evo Morales pagou pela nacionalização das instalações da Petrobras, contrariamente ao que tantas vezes a oposição e parte da imprensa propalaram. O presidente Lula teve compreensão sobre a simbologia que as demandas bolivianas e paraguaias apresentavam nos dois países. Elas apareciam como instrumentos de coesão social e política, capazes de alimentar projetos de desenvolvimento nacional que os libertassem da situação de países dependentes de um só produto. Pela mesma razão, o Brasil também tem se empenhado na diversificação da economia desses e de outros países da região, com o objetivo de reduzir assimetrias e dependências.

Não deixa de ser sintomático que muitos dos que criticaram a suposta "tibieza" da diplomacia brasileira para com a Bolívia e o Paraguai – não raro com argumentos racistas, ou querendo ver preferências ideológicas – tenham sido, no passado, os mesmos que pregaram e praticaram a mais absoluta subserviência em relação às grandes potências. As preferências ideológicas eram outras.

O Brasil fez uma opção clara. Não quer ser um país próspero em meio a um conjunto de países pobres e desesperançados quanto a seu futuro. A altivez não é incompatível com a solidariedade. E a solidariedade também serve ao interesse nacional, que muitos invocam sem efetivamente compreender o que venha a ser.

Quando o interesse nacional esteve efetivamente em jogo – nas negociações para o estabelecimento de uma Área de Livre-Comércio das Américas (Alca) –, a posição do Brasil, em consonância com o Mercosul, se fez sentir sem ambiguidades, com a determinação que as circunstâncias exigiam naquele momento.

O não dado à proposta da Alca na cúpula de Mar Del Plata foi a expressão maior de defesa do interesse nacional.

Olhando para o Sul

A opção sul-americana é parte – a mais imediata e lógica – de uma estratégia de fortalecimento dos laços do Brasil com o Sul do mundo.

Uns poucos têm tentado ver nessa estratégia uma "recaída terceiro-mundista", dando a esse qualificativo sentido pejorativo.

A expressão "Terceiro Mundo" aludia, à época de seu surgimento, a um fenômeno político extremamente importante. A partir da Conferência de Bandung, em 1955, um grupo de líderes de países que não se alinhavam com os Estados Unidos e seus aliados, nem com a União Soviética e seus associados, buscou construir uma alternativa à bipolaridade que sufocava a política mundial naqueles tempos de guerra fria.

O "terceiro-mundismo" é impensável sem o extraordinário movimento de descolonização da África e da Ásia nos anos 1950-1960. Refletia a expectativa de regimes então chamados de "intermediários" de construir uma opção distinta dos imperialismos ocidentais e do autoritarismo burocrático da URSS.

Não por acaso, as tentativas de construir no Brasil uma política externa independente, nos anos 1960, durante o governo Jânio Quadros e o governo João Goulart, cuja influência na diplomacia brasileira transcendeu aquela breve conjuntura, foram muito nutridas de ideias provenientes da percepção do fenômeno do "Terceiro Mundo".

Hoje, passadas muitas décadas daquela relevante experiência internacional, nos marcos de uma reorganização política e econômica do planeta, ganha de novo importância a relação Sul-Sul como fator constitutivo de uma nova correlação de forças internacional, ainda que as circunstâncias históricas tenham se modificado radicalmente.

A emergência da China e da Índia faz da Ásia um novo polo de desenvolvimento no mundo. A Rússia tenta superar a crise provocada pela desagregação da União Soviética e começa lentamente a reocupar o papel que a URSS havia perdido a partir dos acontecimentos de 1989-1991. Nos últimos anos, ainda que em forma muito desigual, assiste-se ao renascimento do continente africano.

Todos esses movimentos não poderiam passar despercebidos ao governo brasileiro na (re)orientação de sua política externa.

A inflexão em direção à África, criticada por uns poucos como irrelevante, correspondia à percepção brasileira dessa emergência de novos atores. Tinha também um significado particular. O Brasil, com mais de 50% de sua população autodeclarada como negra ou parda, situava-se, depois da Nigéria, como a segunda nação de afrodescendentes no mundo.

As visitas de Lula a 21 países daquele continente têm uma justificativa adicional. Celebram a contribuição dos africanos para a construção da nação brasileira. Sublinham a ideia de que a paz e o desenvolvimento no mundo só poderão ser alcançados com a eliminação dos bolsões de pobreza e desigualdade, em grande parte concentrados na África. As ações internacionais de Lula contra a fome e a pobreza destinavam-se essencialmente ao continente africano.

Na esteira dessa ofensiva diplomática, registrou-se não só um considerável incremento do comércio, mas também a crescente presença de empresas brasileiras na África. Agências governamentais como a Empresa Brasileira de Pesquisa Agropecuária (Embrapa) e a Fundação Oswaldo Cruz (Fiocruz) abriram escritórios em Acra e Maputo. A primeira encarregou-se de realizar pesquisas para renovar a agricultura africana, e a segunda, de contribuir para o combate a epidemias e pandemias, como a do HIV.

A expressão mais significativa dessa opção Sul-Sul foi o estabelecimento do acordo entre a Índia, o Brasil e a África do Sul (Ibas), reunindo três grandes democracias multiétnicas situadas em três grandes continentes do mundo emergente.

O fortalecimento das relações com a República Popular da China, que se transformou no primeiro parceiro comercial do Brasil, e a participação no Bric, que reúne também a Índia e Rússia, correspondem a profundas mudanças que começaram a ser produzidas na cena mundial, reforçando a ideia de multipolaridade.

As iniciativas e a intensa participação do Brasil em foros, como América do Sul-Países Árabes e América do Sul-Países Africanos, também fortalecem os nexos Sul-Sul indispensáveis neste período de reconfiguração econômica e política do mundo.

Multilateralismo, multipolaridade e nova governança mundial

O fortalecimento do multilateralismo como princípio reitor das relações internacionais e a tendência à configuração de um sistema mundial multipolar põem em evidência a necessidade de novos mecanismos de governança global para enfrentar as grandes questões atuais: a paz e a segurança coletiva, a democratização das relações internacionais, a construção de uma nova ordem econômica e financeira e a preservação do clima e do meio ambiente.

Passados mais de 60 anos do fim da Segunda Guerra Mundial, o mundo continua dominado por práticas e instituições surgidas na esteira daquele grande conflito. A correlação de forças atual, em muito distinta da do imediato pós-guerra, não se expressa nas instituições globais de hoje.

Muitas décadas após 1945, surgiram novas geografias econômicas e políticas. Países derrotados e arrasados pela guerra, como o Japão e a Alemanha, transformaram-se em grandes potências econômicas. A Europa cicatrizou as feridas da guerra civil de 50 anos que sobre ela se abateu, tornando-se um gigantesco polo econômico e político. A União Soviética, que emergiu como grande potência no pós-guerra, desintegrou-se. A Ásia transformou-se em motor da economia mundial e projeta potências econômicas, políticas e militares, como a China e a Índia. A África, apesar dos sinais positivos que vem emitindo nos últimos anos, e também o mundo árabe sofrem ainda os efeitos de séculos de dominação colonial.

Nessa conjuntura, a democratização da América Latina e os avanços econômicos e sociais dos últimos anos, ainda que lentos e desiguais, apontam para nova e promissora realidade. Hoje, é difícil tratar a região como simples quintal (el patio trasero) dos Estados Unidos – a exemplo do que ocorria no passado.

Todas essas transformações, aqui anotadas de forma sumária e superficial, reforçam a necessidade de uma mudança importante nas instituições mundiais, sobretudo quando a humanidade se vê confrontada com ameaças imediatas, como os efeitos atuais da crise, ou até mesmo com outros problemas não muito longínquos, como os relacionados com a mudança climática.

A Organização das Nações Unidas sofreu um evidente processo de desgaste. Foi inibida durante longo período pelos efeitos do condomínio Estados Unidos-URSS. Foi ainda mais relegada durante o período em que os Estados Unidos reinaram de modo unilateral.

A Assembleia Geral da ONU perdeu poder, servindo mais de espaço de exercício retórico do que de efetiva instância decisória. O Conselho de Segurança revelou-se igualmente incapaz de atuar de forma eficiente em situações de gravidade, como a crise iraquiana ou o conflito na Palestina, uma zona de instabilidade que se irradia por todo o Oriente Médio e ameaça a paz mundial.

A demanda brasileira – somada à de outros países – de um lugar permanente no Conselho de Segurança expressa a preocupação de amplos setores da comunidade internacional de dar a esse órgão uma representatividade – e legitimidade – que hoje ele não tem.

Foi essa crise nos mecanismos de governo mundial que levou à criação do G7, mais tarde transformado em G8, após a incorporação da Rússia.

Mas, por pouco andar, esse organismo *ad hoc* de governança também perdeu sua força. A percepção, ainda que tardia, dessa debilidade levou os governantes mundiais a convida outros países – ditos "emergentes" – para participar de sucessivas reuniões depois de 2003.

Nas duas últimas – no Japão e na Itália –, essa participação se fez mais orgânica. Ao G8 acrescentou-se o G5 (integrado pela África do Sul, pelo Brasil, pela China, pela Índia e pelo México) com uma presença mais forte no debate sobre as grandes questões mundiais.

Em setembro de 2008, com a eclosão da grave crise econômica e financeira, os mecanismos de governança internacional existentes até então foram sacudidos.

O Grupo dos 20 (G20) era, a princípio, uma instância de caráter essencialmente técnico, integrada formalmente por ministros de Economia e presidentes de Bancos Centrais, que, na prática, era frequentado por funcionários de segundo escalão. Ele foi transformado em foro prioritário de resolução dos graves problemas que afetam, faz algum tempo, a economia internacional e se tornaram recentemente uma ameaça capaz de deixá-la em colapso.

A participação de países como a África do Sul, a Argentina, a Austrália, a China, a Coreia, a Índia, a Indonésia e o México, ao lado do Brasil, no G20 reflete a nova geografia econômica e política mundial que se foi forjando nos últimos anos. Expressa, assim, uma mudança na correlação de forças internacional.

O G20 tem na sua pauta questões cruciais a serem discutidas e resolvidas. A primeira, e mais complexa, é pôr fim à anarquia dos mercados financeiros que conduziu o mundo à beira do abismo. A extensa pauta de questões substantivas envolve o estabelecimento de mecanismo de regulação, o fim dos paraísos fiscais, o combate ao protecionismo e medidas capazes de irrigar a economia mundial, permitindo o restabelecimento do crédito. Com isso, busca-se reverter a depressão atual e evitar uma recessão duradoura. Países como o Brasil têm defendido a proteção do emprego e dos setores mais desvalidos da sociedade, que são as primeiras vítimas da crise.

No entanto, o G20 será confrontado com questões mais complexas, de difícil mas inelutável resolução. Elas estão ligadas às profundas contradições que atravessam hoje o sistema monetário internacional, já que o dólar perde sua condição de única moeda de referência internacional.

Ao lado desses e de outros problemas substantivos, existem aqueles relacionados com a obsolescência das instituições criadas em Bretton Woods. Sua origem liga-se aos momentos finais da Segunda Guerra, quando um grupo importante de países se reuniu naquela cidade dos Estados Unidos para desenhar uma nova ordem econômica e financeira internacional, que, mesmo tardiamente, prevenisse a humanidade de novos colapsos, como o de 1929, cujos efeitos se fizeram sentir na eclosão de uma imensa tragédia.

O Fundo Monetário Internacional (FMI) e o Banco Mundial (Bird), então criados, destinavam-se a formatar novas relações econômicas e financeiras internacionais. A Organização Mundial do Comércio (OMC), que também deveria ter sido criada naquela época – mas somente veio a ser instituída décadas depois –, teria como objetivo a regulação das trocas comerciais em escala planetária.

Retrospectivamente, é possível comprovar o fracasso das instituições de Bretton Woods. O Fundo exerceu uma tutela desastrosa sobre os países pobres e em desenvolvimento. Suas orientações (verdadeiros *diktats*) estiveram na origem de várias catástrofes econômicas em muitos países nestas últimas décadas.

Quando se tratou de supervisionar as economias dos países desenvolvidos, sua atuação não foi menos infeliz. Revelou não ser capaz de diagnosticar a crise iminente e, menos ainda, de preveni-la.

Por essa razão, o FMI tem de enfrentar hoje uma dupla tarefa. Em primeiro lugar, mudar seus parâmetros teóricos e políticos e assumir efetivamente as funções de regulação da economia mundial, desenvolvendo mecanismos para preservá-la de novas catástrofes, como a atual. Para tanto, é fundamental a melhoria de sua representatividade, bem como a possibilidade de países até agora relegados a um patamar subalterno em sua direção, como no caso do Banco Mundial, poderem influir de modo mais eficaz em seus destinos. Ainda que restritos, os êxitos alcançados na reunião do G20 em Pittsburg sobre essa matéria demonstram que houve, ao menos, o reconhecimento dessa nova realidade em curso no mundo.

O processo de articulação dos países em desenvolvimento já havia sido antecipado faz alguns anos no âmbito na OMC. A organização do G20 comercial imprimiu novo rumo às negociações da Rodada de Doha, antes entregue exclusivamente a um restrito grupo de países ricos.

Velhas e novas ameaças

Desde o lançamento das bombas sobre Hiroshima e Nagasaki, no Japão, em agosto de 1945, passando pelo período do equilíbrio nuclear entre os Estados Unidos e a União Soviética até chegar-se à fase de proliferação atômica, a humanidade viveu sob a ameaça da destruição total.

O desequilíbrio nas negociações internacionais, que privilegiou a não proliferação em detrimento do desarmamento, pode estar mudando agora, quando os Estados Unidos e a Rússia decidiram reduzir seus arsenais nucleares.

O Brasil e a América Latina enfrentam essa discussão com absoluta serenidade. O país e o continente fazem parte de uma zona desnuclearizada. O Brasil consagrou em sua Constituição a proibição de produzir e usar armas nucleares. Construiu com a Argentina – tida no passado como principal ameaça militar – uma agência de cooperação nuclear sem precedentes no mundo.

Assim, sobra ao Brasil autoridade política e moral para defender uma forte e rápida política de desarmamento, cujo avanço se tem dado até agora a passos extremamente lentos.

Os últimos anos puseram em evidência uma nova hipoteca que, tão assustadora quanto a ameaça nuclear, pesa sobre a humanidade – a mudança do clima.

Estas notas, escritas antes da Conferência das Nações Unidas sobre Mudança do Clima, em dezembro de 2009, em Copenhague, não podem evidentemente prever os resultados desse importante encontro. Nada impede, no entanto, de registrar as linhas gerais da posição brasileira que abordam os grandes temas em jogo.

Não é necessário insistir no fato de que os temas relativos à mudança do clima ocuparão crescentemente lugar central nas relações internacionais.

Sua relevância é maior em razão dos problemas suscitados pela crise econômica mundial, que exigirão acelerar a adoção de novos padrões de produção e de consumo para a humanidade.

O enfrentamento global das questões relacionadas à mudança do clima deverá dar-se a partir do princípio de que as nações têm responsabilidades comuns, porém diferenciadas.

Não se pode pedir aos países em desenvolvimento os mesmos sacrifícios a serem feitos por economias desenvolvidas. Os países que realizaram sua revolução industrial há mais de 200 anos, destruíram suas florestas e poluíram o meio ambiente de forma continuada.

Em nome de uma economia de baixo teor de carbono, pode-se solicitar ao Brasil que abandone a exploração da camada pré-sal ou renuncie a um programa como o Luz para Todos, que forneceu energia elétrica para 10 milhões de brasileiros, antes vivendo à luz de lampiões ou de velas?

Com 45% de sua matriz energética renovável (enquanto os outros países do mundo somam 12%), o Brasil ocupa um lugar de destaque na preservação do meio ambiente. Sua vulnerabilidade maior decorreu dos altos índices de desmatamento do passado, fenômeno que vem sendo corrigido nos últimos anos. Em 2008, o desmatamento caiu 30% e a determinação governamental é de reduzi-lo em 70% até 2017, e em 80%, até 2020.

A isso se somam o programa de reflorestamento de terras degradadas e a participação crescente dos biocombustíveis na matriz energética nacional, estando sua produção submetida a estritas regras de zoneamento agroecológico, social e de respeito à segurança alimentar.

A defesa de nossas reservas naturais – em especial a Amazônia – não se pode fazer em detrimento do bem-estar dos 20 milhões de homens e mulheres que aí vivem. A Amazônia, que o Brasil compartilha com tantos outros países da América do Sul, não é um jardim botânico a ser frequentado por turistas e organizações não governamentais (ONGs) estrangeiras, menos ainda uma região incapaz de assegurar sua proteção, algum protetorado de países ricos. Se eles estão realmente preocupados com a mudança climática, sua função é propiciar recursos e tecnologia necessários para que os países em desenvolvimento possam construir novos padrões produtivos. A compra de créditos de carbono por parte de países desenvolvidos não pode servir de escusa para que eles não assumam suas responsabilidades em matéria de produção e de consumo.

UMA POLÍTICA EXTERNA DE PRINCÍPIOS

Parte integrante da cantilena conservadora em relação à política externa do atual governo é a tese de que o governo Lula não pratica uma "política de Estado", mas, sim, uma "política de partido".

Como se não bastasse o assessor de Política Externa ser homem de partido, o próprio chanceler Celso Amorim filiou-se ao Partidos dos Trabalhadores (PT). Isso é o que dizem sem pestanejar alguns doutos críticos. Parecem esquecer a filiação do ex-chanceler Fernando Henrique ao Partido da Social-Democracia Brasileira (PSDB), a alta plumagem tucana do ex-ministro Celso Lafer (tesoureiro da campanha eleitoral de FHC), o pertencimento de Olavo Setúbal ao Partido Popular (PP) ou as notórias ligações partidárias do também ex-ministro Abreu Sodré, para não alongar a lista nem fazer comparação com outros países.

Em qualquer governo sempre existe algum viés partidário. A implementação de políticas de Estado não é um mero exercício técnico. O interesse nacional é interpretado pelo partido ou pela coligação partidária que a sociedade conduziu à direção do Estado. A sociedade tem ao alcance das mãos os instrumentos institucionais de controle do governo. Cabe à oposição valer-se deles sempre que considerar oportuno e tiver força para fazê-lo.

O fato de o governo Lula ser um governo de esquerda não o exime de ter princípios. Ao contrário, torna esses princípios mais imperativos.

Não serão, evidentemente, os mesmos princípios de governos anteriores, para os quais a defesa do interesse nacional devia ser comedida, especialmente se ela afetasse os interesses de grandes potências. O Brasil não podia "subir acima de suas sandálias"...

O fato de ter princípios e de defender os interesses do país não impediu – ao contrário – o governo Lula de manter excelentes relações com os Estados Unidos e com os países da União Europeia. Sabendo-se respeitar, o Brasil foi respeitado.

Se ele respeitou e até mesmo valorizou experiências políticas em curso em vários países da América do Sul, foi porque nelas avistou – a despeito das diferenças que as separam da experiência brasileira – oportunidades excepcionais de construção nacional, de ampliação da justiça social e de renovação institucional, essenciais para a convivência democrática, harmônica e solidária das nações.

Desde fins do século XIX, a humanidade enfrentou graves perturbações econômicas, que transcenderam o espaço nacional e se irradiaram por um vasto conjunto de países, transformando-se em crises globais.

Além de seus desdobramentos econômicos, sociais e, muitas vezes, políticos, essas crises trouxeram à tona problemas de fundo, aspectos pouco visíveis das sociedades por elas afetadas, explicitando mazelas até então despercebidas aos olhos da maioria dos governantes e dos analistas.

Muitas dessas crises, sobretudo as mais radicais, além de seu impacto imediato, ensejaram mudanças relevantes, sobretudo quando encontraram forças sociais e dirigentes capazes de imprimir outro curso ao processo histórico.

Esse foi o caso do *crack* de 1929, que mergulhou o Brasil e toda a América do Sul em grave depressão. O colapso de 1929, ao mesmo tempo que revelava as mazelas de nosso modelo primário-exportador, criou as condições para sua superação, impulsionando a industrialização do Brasil.

Crises mais recentes – como a mexicana (1995), a asiática (1997) e a russa (1998) – expuseram a economia brasileira a graves constrangimentos. O impacto causado nessas três conjunturas, especialmente a de 1998, explica-se, centralmente, pelo desacerto das políticas seguidas pelos governos de turno, que não foram capazes de construir defesas sólidas contra ameaças visíveis.

O enfrentamento vitorioso de crises mundiais por parte de governos nacionais – como ocorreu em boa medida nos anos 1930 – deu-se por meio da aplicação de políticas econômicas contracíclicas que permitiram a recuperação da economia e, não raro, a abertura de um longo ciclo de crescimento.

No caso brasileiro, a percepção de que o país vivia um momento de transição fez seu governo adotar com anterioridade políticas contracíclicas, que tiveram um efeito fortemente dissuasivo sobre a crise.

Os dois exemplos mais visíveis são as políticas sociais implementadas desde 2003 e o Programa de Aceleração do Crescimento (PAC), a partir de 2006.

As políticas sociais – que não se reduzem ao Bolsa Família – contribuíram para a construção de um grande mercado de bens de consumo de massas que, pelo estímulo da demanda, permitiu que a roda da economia não se detivesse.

Já o PAC – bem mais que um conjunto de obras – transformou-se em um elemento fundamental para a retomada do desenvolvimento sustentável, interrompido há mais de duas décadas.

A partir dessas duas grandes iniciativas, criaram-se todas as condições para definir um novo projeto nacional de desenvolvimento. Ele não será o resultado de puros exercícios teóricos, como tantas vezes no passado, mas estará fundado no êxito de importantes iniciativas de caráter estruturante, desenvolvidas nestes últimos anos.

A reação da economia brasileira diante da crise demonstrou que a globalização não é um processo unilateral, uma espécie de atmosfera perversa que sufoca sem apelação economias nacionais, deixando-as sem alternativas próprias, como procurou fazer crer o pensamento neoconservador há pouco tempo.

Da mesma forma que o Brasil preparou a transição de sua economia, de sua organização social e de suas instituições para níveis superiores, é fundamental à política externa debruçar-se sobre a cena mundial, para entender o momento de transição que se vive. Somente assim será capaz de estabelecer um conjunto de ações que, aproveitando o acúmulo de forças até agora realizado, contribua para que o mundo que visualizamos como possível se transforme em nova e promissora realidade.

Entrevista com Dilma Rousseff

Um país para 190 milhões de brasileiros

Natural de Minas Gerais, filha de um poeta búlgaro e de uma professora brasileira, Dilma Rousseff trilhou uma diversificada trajetória na esquerda brasileira. Militante de organizações que se opunham ao golpe civil-militar, filiou-se ao PT em 2001. Foi responsável pelo programa de Energia do governo Lula e esteve à frente do Ministério de Minas e Energia entre 2003 e junho de 2005, quando passou a ocupar o cargo de ministra-chefe da Casa Civil.

Em meio a seus compromissos em Brasília, Dilma concedeu em 13 de janeiro de 2010 esta entrevista a Marco Aurélio Garcia, Jorge Mattoso e Emir Sader, feita especialmente para este livro. Em pauta, a discussão de um projeto de Brasil, cujo resultado apresentamos abaixo.

Emir Sader – *Que características diferenciam o governo Lula dos outros governos?*

Dilma Rousseff – Posso citar, sinteticamente, quatro movimentos estruturais: crescimento da economia com estabilidade, expansão do mercado interno, reinserção internacional do país e redefinição das prioridades do gasto público. No caso do crescimento com estabilidade, vale destacar a política monetária de controle e metas de inflação, o ajuste dos juros aos níveis internacionais e o acúmulo de reservas cambiais. Foi isso o que nos garantiu margem de manobra nas políticas interna e externa. A expansão do mercado interno, por sua vez, se apoiou na melhoria da distribuição de renda, tanto pessoal como regional, e na expansão do crédito. De forma articulada com a universalização dos serviços públicos, o aumento do salário mínimo acima da inflação e a garantia da aposentadoria rural, mais a expansão do programa Bolsa Família, conseguimos provocar uma forte mobilidade social, fazendo com que parte expressiva das camadas pobres entrasse na classe média. O terceiro movimento, o da reinserção internacional, fez o Brasil se projetar como uma liderança efetiva, regional e mundialmente, destacando-se como país exportador e como país de destino de investimentos. Estabelecemos, também, relações privilegiadas com a América Latina, a África, o Oriente Médio e a Ásia. O quarto movimento, o da redefinição das prioridades do gasto público, significou uma ênfase maior no investimento em políticas sociais e uma vigorosa parceria estratégica com o setor privado, estados e municípios.

Emir Sader – *De que forma esses quatro movimentos foram percebidos socialmente?*

Dilma – Esses movimentos se manifestaram – e se manifestam – de forma distinta em todas as classes sociais, porém mais fortemente entre os mais pobres. Resgatamos cerca de 22 milhões de brasileiros do nível de miséria, assegurando seu acesso a bens básicos de consumo, além dos alimentos, como a carne, o iogurte etc. Proporcionamos o surgimento de uma nova classe média (chegamos aos 31 milhões de brasileiros nessa faixa) e acrescentamos benefícios para a antiga classe média.

Um importante segmento do setor agrícola foi beneficiado com a agricultura familiar. O programa de reforma agrária do governo Lula tem envergadura: nunca haviam sido liberados tantos recursos para o pagamento de indenizações de terras, para fins de assentamento. O centro do programa de desenvolvimento agrário é a política de agricultura familiar, baseada em eixos estratégicos: acesso à terra, ao financiamento e aos programas de extensão rural e de assistência técnica. Importante destacar que esse movimento não tem sido contraditório com o avanço dos segmentos exportadores do agronegócio, considerando que estes foram beneficiados pela política de crédito.

A retomada da política industrial, expressa no plano de desenvolvimento, beneficiou os segmentos produtivos industriais e de serviços do país, colocando em evidência a amplitude do modelo de desenvolvimento econômico com inclusão social. Abrange as políticas de incentivo ao conteúdo local, que levaram à produção nacional de plataformas, navios e à retomada da indústria naval, passando pelas prioridades aos fármacos, à indústria de tecnologia da informação, aos biocombustíveis, à nanotecnologia etc.

Do ponto de vista social, o resultado de nossas ações foi, primeiramente, transformar os setores mais pobres da população em atores políticos e sujeitos sociais. Os programas Bolsa Família e Luz Para Todos são instrumentos modernos e efetivos de transferência de renda. Não têm nada do velho populismo, porque são impessoais, tratam as pessoas com dignidade e ajudam na formação de uma consciência cidadã. Elaboramos políticas para médios e pequenos empresários e o fizemos de forma aberta, transparente. Temos, assim, um leque social de beneficiários da política de governo e é isso que nos diferencia.

Jorge Mattoso – *As definições de política industrial também distinguem o governo Lula dos antecessores?*

Dilma – A política industrial tem um papel muito importante. O governo Lula rompeu com a visão predominante de integração da Alca, ou seja, a perspectiva desindustrializadora do país, e implantou uma política agressiva de expansão da indústria brasileira e do setor de serviços. Houve um momento em que predominou uma visão que considerava moderno não manter política industrial, pois supostamente ela distorceria as relações de mercado. Decorria dessa visão, por exemplo, a política de compra do exterior de plataformas para exploração de petróleo, isso significava enviar para fora do país dois bilhões de dólares de demanda – empregos, cadeias produtivas, equipamentos, serviços e renda – a cada plataforma importada. Nosso governo foi radical ao alterar essa visão. Nós oferecemos, novamente, foro de legalidade a uma questão chamada conteúdo local. Hoje parece normal falar do assunto, ver a indústria naval se recuperando, por exemplo. Mas isso causou estranheza no passado, com um debate sobre se é possível ou não investir. E provamos que é possível.

Uma política de desenvolvimento produtivo, que apoie setores inovadores, implica em incentivos coordenados para a pesquisa e a inovação, como é feita na indústria de fármacos. O setor industrial percebeu que é altamente vantajosa a presença do Estado em diferentes áreas, com a recomposição da nossa capacidade de planejamento. Deram-se conta, claramente, de que o Estado não é concorrente, mas indutor e parceiro. Isso fica evidente quando analisamos o impacto positivo do PAC, por exemplo nos investimentos em saneamento e no programa Minha Casa Minha Vida, atingindo o setor da construção civil.

A questão do crédito merece um destaque especial, porque democratizamos seu acesso a todos os segmentos produtivos, através de novos instrumentos bancários, do acesso a contas simplificadas, da ampliação do crédito imobiliário e de longo prazo. Temos uma política através do crédito consignado e do crédito à agricultura familiar.

Emir Sader – *A remuneração do capital financeiro é funcional ou disfuncional à construção desse arco de alianças? O papel do capital financeiro mudou ao longo do governo?*

Dilma – Está em outro patamar. A primeira fase da política econômica do governo, de responsabilidade do ex-ministro Antonio Palocci, foi um momento decisivo para essa construção, porque nos deu um novo grau de liberdade. O fato de termos mantido a inflação baixa, perseguido uma política fiscal responsável e de termos pago a dívida do Fundo Monetário Internacional (FMI), nos assegurou a margem de manobra necessária para dar início à nossa política de crescimento econômico com inclusão social. Num segundo momento, com o ministro Guido Mantega, conquistamos também a necessária margem de manobra, com a montagem de reservas externas crescentes. Hoje temos, em reservas, 241,4 bilhões de dólares.

No segundo mandato, com a ampliação do investimento produtivo e a aceleração do Produto Interno Bruto (PIB), foi relativada a importância do capital financeiro no jogo econômico. Sabemos que não se muda a importância do capital financeiro apenas no discurso. Foi o próprio centro dinâmico da economia que se deslocou do setor financeiro para o produtivo. Quando começamos a colocar na ordem do dia o investimento, mudamos a política e dissemos "agora é a hora e a vez do investimento" – e ousamos fazer, em 2007, o Plano de Aceleração do Crescimento (PAC) – estávamos mudando a lógica anterior. Antes disso não havia condições. No final de 2005, a situação estava muito difícil. Havia praticamente zero de margem de manobra, uma ofensiva violenta contra o governo e entrando numa conjuntura eleitoral. Era o pior dos mundos.

Revertemos esse quadro. Em 2006, começamos numa dinâmica virtuosa. A política de 2003, 2004 e 2005 só gerou frutos no início de 2006 e mostrou plenamente os resultados em 2007, quando lançamos todos os grandes programas.

Jorge Mattoso – *Os resultados dos anos recentes têm relação, portanto, com as medidas iniciais.*

Dilma – Sim, isso não caiu do céu. Não se pode dizer que tudo ocorreu, isoladamente, no ano de 2007. O que foi feito desde 2003 tem seus méritos, não foi fácil. Sem o que foi feito lá atrás, não teríamos base para avançar. O primeiro mandato do presidente Lula é precondição do segundo momento. Lembro-me quando não tínhamos dinheiro para nada, ou quando o tínhamos nos deparávamos com o vencimento de uma dívida ou outro impedimento qualquer. O nível de contenção era absoluto. Melhorou em 2004, piorou em 2005 e, de 2006 em diante, começamos a ver crescer as reservas, inflação baixa e sob controle e, finalmente, a nossa margem fiscal começou a evoluir. Apesar do que dizem, a melhor situação fiscal que tivemos na vida foi a de 2008, porque o PIB era alto, crescíamos de forma acelerada e os juros estavam caindo. Depois veio a crise. Em 2010, estamos retomando o cenário de 2008. Haverá uma queda significativa da dívida, um forte crescimento do PIB e muito mais inclusão social.

É preciso enfatizar dois pontos daqueles movimentos estruturais. O primeiro é o desenvolvimento com distribuição de renda, tanto da renda das famílias como da renda regional. O aspecto regional é muito importante. No Brasil, esse foi um fator que diminuiu o impacto da crise econômica mundial. O PIB do Nordeste não caiu na mesma proporção que o dos estados do Sul e do Sudeste, pois a economia nordestina está muito baseada no mercado interno.

Outro ponto é que começamos a articular a universalização dos serviços públicos, algo que as economias desenvolvidas fizeram há muito tempo, mas que não se via no Brasil. O governo Lula realizou, inicialmente, um grande investimento para universalizar a energia elétrica, por meio do programa Luz Para Todos. Em seguida, demos prioridade ao saneamento e agora definimos que a habitação também é um direito que precisa ser universalizado.

Nós conseguimos, enfim, promover inclusão social e distribuição de renda com mobilidade social ascendente – porque na história do país, houve momentos de crescimento, mas sem grande mobilidade social. Invertemos o jogo: aquilo que ocorreu na ditadura, de forma descendente para grandes parcelas, agora ocorre de forma ascendente.

Marco Aurélio Garcia – *Voltando a uma questão anterior: o governo FHC teve de tomar uma decisão no fim do seu primeiro mandato: ou tocava a situação adiante, ou fazia mais do mesmo. Nós também tivemos de encarar a mesma decisão. A iniciativa de criação do PAC veio daí. É evidente que o primeiro mandato promoveu as condições para o segundo. Mas tiramos consequências práticas. O PAC, entre outras coisas, é um resultado disso.*

Dilma – Você tem razão: a continuidade não foi automática, nem lógica. Houve uma decisão política. Percebemos que a estabilidade é um valor funcional, no sentido de nos garantir margem de manobra *na* política e *para a* política. Para que tipo de política? Para aquela que promove o desenvolvimento do país e a melhoria das condições de vida da população brasileira, ou seja, a estabilidade para nós não é um valor em si, embora, durante muito tempo, ela tenha sido tomada desse modo, até em função do nosso longo histórico de inflação estratosférica e idas e vindas do crescimento econômico, o chamado voo de galinha. É sintomático que a palavra desenvolvimento, que havia sido praticamente banida, tenha reaparecido conosco. A retomada da política industrial – outra expressão banida – talvez seja a mais significativa. Mostramos que é possível fazer política industrial com base no incentivo à inovação, no crédito e na política de desoneração fiscal.

Muitos diziam que só havia um jeito de as pessoas melhorarem sua situação, era através do mercado. E que, se acreditássemos nisso, no final, todos seríamos salvos. Mas era impossível realizar política de habitação, porque não se podia subsidiar. Como construir casas para a população com renda de até três salários mínimos, se o custo da casa não é compatível com a renda? A equação simplesmente não fecha. O mercado jamais resolveria esse problema. Não se promove uma política de universalização sem subsidiar: é impossível no Brasil. Há elementos que compõem o custo do Estado, que devem ser feitos constando claramente do Orçamento. Saneamento, por exemplo, quem investe é o Estado. A visão de saneamento feito por empresas privadas, na prática, não avançou. Nós reservamos recursos para as empresas privadas investirem e nada aconteceu. É importante ter consciência disso, tornamos os subsídios novamente legítimos. Durante o primeiro mandato do presidente Lula, fui chamada ao Congresso para explicar por que estávamos subsidiando o programa Luz Para Todos, mas até agora não fui chamada para explicar por que subsidiamos hoje o Minha Casa Minha Vida. É sinal dos tempos, o consenso mudou.

Marco Aurélio – *Como a reinserção internacional do país incide sobre esse processo?*

Dilma – A nova relação política do Brasil com o mundo é muito importante. Fizemos muito mais do que diversificar os parceiros comerciais, o que foi, no passado, muito importante nas relações internacionais. Ampliamos e diversificamos as relações com um pensamento estratégico, com uma nova noção de geopolítica. Demos a devida importância aos países da América Latina. Lembro-me da primeira vez que o presidente viajou à África – e isso era visto como absolutamente ultrapassado. Tivemos uma nova percepção da relação com os países emergentes, da nossa relação estratégica com a China, com a Índia, com a África do Sul, assim como, de forma diferente, com a Rússia. Essa nova visão nos proporcionou mais do que uma vantagem durante a crise. O Brasil tornou-se, de fato, uma liderança regional e internacional.

É importante lembrar que só conseguimos o direito de remontar o Estado nacional, à medida que o Brasil conquistou autonomia em relação à política internacional. Hoje se fala em neoliberalismo, mas seu receituário mais duro havia sido adotado no país muito antes desse debate – eram as políticas do FMI. Na época do governo Juscelino Kubitschek houve tensão. Agora, fomos capazes de pagar ao Fundo o que devíamos e assumir plenamente a autonomia de nossas políticas, sem a dependência de recursos que subordinava nossos projetos de desenvolvimento.

Não aceitamos mais esse tipo de ingerência. Imaginem que uma variante de FMI esteve na pauta da reunião de Copenhague [15ª Conferência das Partes da Convenção da ONU sobre Mudanças Climáticas, em dezembro de 2009]. Chamava-se MRV [*Measurement, Reporting and Verification*]. A ideia era monitorar todas as políticas de combate ao aquecimento global, não apenas aquelas financiadas pelos países ricos, mas também as nossas políticas internas voluntárias, no caso de energia e agricultura, que nós próprios financiamos com recursos nacionais. A maior parte das tensões em Copenhague girou em torno dessa ideia, defendida pelos EUA e pela Europa. Nós, obviamente, fomos contrários a ela. Chegaram ao ponto de dizer ao presidente Lula: "Não há problema, é como o FMI fazia. Vai no país e monitora, só isso". O presidente, é claro, rejeitou completamente a ideia e a ingerência indevida.

Marco Aurélio – *O debate mundial sobre mudança de clima tornou ainda mais evidente o novo papel do Brasil.*
Dilma – Percebi muito bem, durante a reunião de Copenhague, como se desenvolveram as relações do Brasil no plano internacional. Nós, da delegação brasileira, enxergamos a mudança do clima como uma questão ambiental decisiva para nosso futuro e o da humanidade, mas os países ricos estão presos a uma lógica imediatista. Essa lógica pressupõe que perderá competitividade o país que adotar medidas mais drásticas para reduzir a emissão de gases de efeito estufa. Era o que estava por trás de todas as discussões em Copenhague. Os países da União Europeia aceitavam aumentar, em relação a 1990, de 20% para 30% sua própria meta de redução de emissões de gases de efeito estufa até 2020, desde que os EUA também assumissem metas maiores de redução de suas emissões. Não que sejam incapazes de negociar, eles pensam nesses termos: se o meu competidor não subir sua oferta, não poderei subir a minha.

Marco Aurélio – *Todos esses países estão confrontados com o problema da mudança da matriz produtiva.*
Dilma – É verdade. Eles estão confrontados com um problema sério. Para a maioria dos países desenvolvidos, as medidas necessárias para reduzir as emissões de gases de efeito estufa dizem respeito, principalmente, à mudança de sua matriz energética poluente baseada no carvão e no óleo combustível. No caso do Brasil, com nossa matriz energética renovável baseada em hidrelétricas e biocombustíveis, o grande desafio é a redução e o combate ao desmatamento, seja no bioma Amazônico ou no Cerrado. Esse é o desafio. Ou seja: temos uma questão que pode ser resolvida imediatamente, porque dispomos de uma política efetiva. Eles, ao contrário, têm o sério problema de mudar a matriz energética. A nossa não é igual à deles, ela é renovável. Por isso a questão da

energia não pesa tanto sobre nós. Eles não têm muitas alternativas ao carvão e ao petróleo, caso queiram avançar, precisam gastar muito dinheiro e daí decorre essa briga feroz. A China, por sua vez, tem uma situação diferente, com processos industriais ultrapassados, siderúrgicas altamente poluentes. Daí o seu investimento se concentrar na eficiência energética. Os investimentos na modernização das plantas chinesas podem permitir que o país diminua bastante suas emissões de gases e, ainda, utilizar sua eficiência energética como principal mecanismo de redução das emissões.

Emir Sader – *Nós conseguimos um modelo virtuoso, que procura articular crescimento econômico com distribuição de renda. Mas em que medida esse modelo é ecologicamente sustentável?*

Dilma – Nosso modelo é altamente sustentável, estamos na vanguarda em relação à questão climática. Somos um dos países mais consequentes, considerando nossas metas, matriz energética e nossos compromissos no combate ao desmatamento, em busca de uma agricultura sustentável. A preservação da Amazônia não é um desafio tecnológico, é um desafio à vontade política. Montamos um modelo virtuoso de preservação da floresta. Primeiro, mobilizamos a Polícia Federal e o Exército numa operação chamada Arco de Fogo, que impede a circulação ilegal da madeira em todos os Estados amazônicos e, em especial, nos 43 municípios que integram o grande arco do desmatamento. Graças a isso, conseguimos reduzir a área desmatada de 12 mil quilômetros quadrados em 2008, para 7 mil quilômetros quadrados em 2009.

Simultaneamente, para dar efetividade à ação repressiva, mantivemos uma relação construtiva com esses 43 municípios, com os prefeitos e os governadores desse conjunto. Implantamos políticas públicas para garantir alternativas de renda que não sejam o desmatamento e o comércio ilegal de madeira, isso inclui legalizar a posse da terra nessas áreas, por meio do programa Terra Legal. Regularizar a posse permite que a pessoa tenha acesso ao crédito e a todas políticas sociais do governo, desde que ela trabalhe seu lote de terra dentro da lei.

Fazemos toda a ação em conjunto com os Estados, suas secretarias e os ministérios. Atuamos conjuntamente e de forma direta, por exemplo, no Programa de Aquisição de Alimentos (PAA). Nossa política é adquirir produtos para usar na alimentação das crianças, produção local de castanha de caju, açaí e outros. Com isso, organizamos essa produção e oferecemos sustentação ao micro e pequeno negócio. Tenho certeza de que conseguiremos reduzir o desmatamento na Amazônia em 80% até 2020, assim como vamos reduzi-lo em 40% no Cerrado.

Marco Aurélio – *É importante destacar que nenhum país chegou à metas de redução de emissões tão ambiciosas como as do Brasil.*
Dilma – Desde as metas de redução do desmatamento até as de redução de emissão de gases de efeito estufa adotadas antes ainda da Conferência de Copenhague, todas são absolutamente factíveis, ou seja, até 2020 haverá uma redução entre 36 e 39% da emissão de CO^2. Na agricultura, elas serão alcançadas com a utilização de técnicas inovadoras, como o cultivo direto sobre a palha, o rodízio entre agricultura e a pecuária, a fixação biológica de nitrogênio e a recuperação das pastagens degradadas. Algumas dessas metas já começam a ser alcançadas em 2010 ou 2011.

O Brasil conta, também, com outro fator decisivo: só não nos manteremos como o país de melhor matriz energética do mundo caso não quisermos. Enquanto os países desenvolvidos usaram até o limite seus recursos hídricos – de 80% a 90% do seu potencial –, nós não chegamos a usar 30% dos nossos. Podemos fazer mais hidrelétricas e fazê-las melhores, reduzindo o impacto ambiental. Em primeiro lugar, diminuímos a área alagada – não fazemos mais reservatórios. Depois, outra inovação proposta pelo setor elétrico é adotar o conceito de usina-plataforma; como se a usina fosse uma plataforma de petróleo em alto-mar: é possível chegar e sair de lá de helicóptero. Quando se levava uma hidrelétrica para algum lugar, havia desmatamento, construção de cidades, estradas, enfim, levava-se junto com a hidrelétrica o maior poluidor, o homem. Com a usina-plataforma não se altera, não se desequilibra o entorno. É claro que esse conceito de usina traz um efeito ambiental, mas será um efeito circunscrito, bastante reduzido em relação ao que havia.

Jorge Mattoso – *Em que medida essa matriz energética contribui para uma inserção diferenciada do Brasil na questão do aquecimento global?*

Dilma – É importante destacar que a geração de energia elétrica com base no carvão e no óleo diesel é a grande matriz da poluição no mundo. Há quem defenda que deva ser substituída pela energia eólica e solar, mas para adotar tais fontes na escala demandada, seria necessária uma revolução tecnológica, uma revolução que nos desse a capacidade de estocar o vento. A hidrelétrica é funcional porque se pode estocar água, mas vento não se estoca. Essa alternativa não sustenta, sozinha, o crescimento de nenhum país. Por isso, a matriz desses países continua sendo o carvão, não a energia eólica ou solar. E não há nada mais poluente no mundo do que carvão e óleo combustível. No Brasil, nós temos uma matriz baseada em hidreletricidade, etanol e biocombustíveis. Não há no mundo quem tenha matriz energética renovável na proporção em que nós temos.

E não é porque o Brasil descobriu o pré-sal que nossa matriz será baseada em petróleo de agora em diante. O petróleo do pré-sal é basicamente para exportação e não para o consumo local. Por quê? Primeiro, porque em grande medida já somos autossuficientes. A descoberta do pré-sal não acrescentará muita coisa ao nosso petróleo para consumo. Poderá melhorar o nosso combustível, porque o óleo do pré-sal é de melhor qualidade, mas, rigorosamente, ele se destinará sobretudo à exportação. Nossa matriz continuará sendo fortemente renovável e nós cumpriremos, em qualquer hipótese, a meta de reduzir as nossas emissões de gases de efeito estufa.

O fato de não adotarmos uma política imediatista em relação ao meio ambiente e à mudança do clima, fez com que o Brasil tivesse, em Copenhague, uma atitude distinta da dos países mais desenvolvidos. Como disse, cumpriremos nossa meta em qualquer hipótese, isso explica nossa posição em relação ao financiamento das ações para deter o aquecimento global. Em alguns momentos, durante o encontro, houve situações constrangedoras e desagradáveis. Tentaram fazer com que mudássemos de posição, dizendo coisas como: "Quando a gente libera recursos, podemos cobrar o cumprimento das metas", algo assim. E o presidente Lula disse clara e publicamente: "Dispenso o dinheiro. Não preciso dele, vou cumprir a minha meta". Foi o que assistimos. No final, saiu de Copenhague um único acordo, com o mérito de reconhecer que, até o fim do século, a temperatura não pode aumentar acima de dois graus centígrados. Foi o acordo feito entre Brasil, China, Índia, África do Sul e os Estados Unidos – estes, falando em nome da Europa. É um acordo de efeitos limitados, porque os países importantes não tocaram em suas metas.

Emir Sader – *Em relação ao Estado, qual a situação que o governo Lula encontrou e qual vai deixar?*

Dilma – O processo de desarticulação das atividades do Estado brasileiro foi muito forte, como muito forte também foi o processo de desagregação social. Veja, por exemplo, o fato de tantas pessoas morarem em áreas de risco – beiras de cursos d'água, encostas de morro etc. Em lugares onde, até o governo Lula, o Estado nunca tinha colocado os pés, ou quando colocou, o fez de maneira paliativa, gerando a favelização e a exclusão de milhões de brasileiros. Por isso, quando ocorrem alagamentos e desabamentos no período das chuvas, as pessoas mais pobres são as mais afetadas. Não podemos nos surpreender. Até o governo Lula, acumulou-se muito o déficit habitacional, sabemos que 90% dele refere-se à falta de moradia para quem ganha até três salários mínimos. Logo, ao longo dos últimos 20 anos, uma parte da população pobre do país foi obrigada a morar em áreas de risco, as mais alagadas e aonde mais se verificam desmoronamentos e mortes resultantes de chuvas fortes. Naquela época, não se aceitava que o governo amparasse famílias pobres pagando subsídios, no montante necessário para tornar possível construir o sonho da casa própria e colocá-lo ao alcance de milhões de brasileiros, como fizemos agora com o programa Minha Casa Minha Vida. O programa prevê construir um milhão de moradias, com subsídio destinado a quem ganha até seis salários mínimos.

O governo Lula está no caminho certo, pois combina seu programa de drenagem nas regiões de risco com uma política habitacional para a população pobre. Por esse e por outros motivos, é muito importante discutir a questão do Estado.

Em nosso governo, recompusemos parte da capacidade do Estado de planejar e gerir. Felizmente, nem tudo que havia de bom no Estado brasileiro foi desmontado. Onde as funções públicas foram mantidas, preservou-se o *saber* do Estado, questão fundamental em qualquer país. No Brasil, foram preservados o Itamaraty, as Forças Armadas, a Receita Federal, o Banco Central. Os bancos estatais tiveram um período de muitas dificuldades, por pouco Furnas não foi privatizada, a Petrobras enfrentou problemas – havia, inclusive, proposta de mudar seu nome para Petrobrax, pois segundo os proponentes, soaria melhor aos ouvidos dos investidores internacionais. Mas a sociedade reagiu duramente, esses processos foram interrompidos e arquivados.

No governo Lula, recompusemos os bancos públicos e seu papel. Valorizamos seu funcionalismo com planos de cargos e salários adequados, apostamos numa gestão mais eficiente, com mais profissionalismo dessas corporações e comprometimento com os interesses nacionais. Não foi em vão. Diante da crise, após a quebra do banco Lehman Brothers, quando o crédito privado nacional e internacional secou, foram instituições como o Banco do Brasil (BB), a Caixa Econômica Federal (CEF) e o Bando Nacional de Desenvolvimento (BNDES) que impediram que a economia viesse a naufragar na crise e o setor privado sucumbisse, desempregando milhões de trabalhadores. Agora, na retomada, são esses mesmos bancos que ofereceram e oferecem crédito para a indústria, a agricultura e a construção civil. Tanto é que sua participação no total do crédito de setembro de 2008 a outubro de

2009 revelou um crescimento de 41,2%, contra 2,8% dos bancos privados nacionais e 8,8% dos privados internacionais.

Jorge Mattoso – *Como esse processo se deu nas outras estatais?*

Dilma – Desde o primeiro instante, o governo Lula deu toda força à Petrobras. Os recursos da empresa destinados à pesquisa e ao desenvolvimento deram um salto de 201 milhões de dólares, em 2003, para quase 1 bilhão de dólares, em 2008. A companhia voltou a investir, aumentou a produção, abriu concursos para contratação de funcionários, encomendou plataformas, modernizou e ampliou refinarias, além de construir uma grande infraestrutura de gás natural e entrar, com intensidade, na era de biocombustíveis. Deixamos claro que nossa política era fortalecer a Petrobras, e não debilitá-la.

Resultado: a companhia – estimulada, recuperada e bem comandada – reagiu de forma impressionante, vive hoje um momento singular, é o orgulho do país, a maior empresa nacional e a quarta maior companhia do mundo ocidental. Entre as grandes petroleiras mundiais, é a segunda em valor de mercado. É um exemplo em tecnologia de ponta, descobriu as reservas do pré-sal, um feito extraordinário, que encheu de admiração o mundo e orgulhou os brasileiros. É uma empresa com crédito e autoridade internacionais que, nos últimos meses, levantou cerca de 31 bilhões de dólares em empréstimos e seus investimentos previstos até 2013 somam 174 bilhões de dólares. A Petrobras, enfim, voltou a dirigir sua demanda para outros setores da economia nacional e parou de desviá-los para o exterior, sob a alegação de que não se conseguiria produzi-los aqui, da química à petroquímica, da indústria de equipamentos e de bens à reconstrução da indústria naval. Voltamos, depois de décadas, a investir em refino: estão em construção cinco grandes refinarias e convertemos, modernizamos e melhoramos a qualidade das existentes.

Jorge Mattoso – *E como o governo Lula recebeu a administração centralizada, no que se refere à capacidade de execução?*

Dilma – Paralelamente ao desmonte do planejamento, ocorreu outro fenômeno. Dentro da administração centralizada, foi conferida uma importância quase exclusiva aos mecanismos de controle. Todas as funções de controle, ao se institucionalizarem, ganharam salários maiores, seus integrantes foram incentivados a melhorar seu desempenho, com carreiras adequadas. O que foi muito bom. Por outro lado, os órgãos executores, como tinham pouco a executar, foram reduzidos a uma situação precária. O que foi muito ruim. Como é sabido, devemos evitar a ocorrência de salários abaixo do razoável, por exemplo, a profissionais como engenheiros, professores, médicos, agentes de saúde e policiais, porque o resultado desse tipo de política compromete a gestão pública, a capacidade de executar obras e prestar serviços adequados à população.

Corrigir esses desvios exige uma importante alteração: o estabelecimento de princípios meritocráticos e profissionais para reger o Estado. O que é a alma do Estado eficiente? É a valorização do funcionário, sua formação e seu profissionalismo. Acreditamos que é preciso o funcionário avaliar, planejar, executar ou monitorar corretamente a execução.

Emir Sader – *Na sua avaliação, nós já temos desenhado o modelo econômico e o Estado que o Brasil precisa no seu futuro?*

Dilma – No oitavo ano do governo Lula podemos comprovar que o desenvolvimento com inclusão social é o nosso modelo econômico. Aquele que considera que os 190 milhões de brasileiros e brasileiras são o centro do modelo. O nosso grande objetivo é eliminar a pobreza e proporcionar melhores condições de vida a toda a população. Nós temos de criar um país de bem-estar social à moda brasileira. Para mim esse é o grande projeto de construção de uma economia moderna no país. É a ruptura com aquela ideia de que seria possível ter um país apenas para uma parte da população, que poderíamos ser uma grande potência deixando nosso povo para trás. Essa ideia vem da época da ditadura, da época do mercado exclusivo, com os chamados bens de consumo duráveis destinados a uma minoria, quando se achava que seria possível ter um país para 30 milhões ou 40 milhões de pessoas.

O grande desafio é ainda superar o peso dos 25 anos de estagnação da economia e das políticas sociais. O que nos move é a capacidade de atender às necessidades da população, seja o saneamento básico, seja a cultura, a inovação, a educação, a saúde, o acesso à internet. Nós vamos fazer, sabemos como fazer, aprendemos o caminho no governo Lula.

Emir Sader – *Esse é o Estado de que o Brasil precisa no seu futuro ou precisamos de outro tipo de Estado?*

Dilma – O Estado terá, inexoravelmente, de reforçar seu segmento executor, para universalizar o saneamento, melhorar a segurança pública, a habitação, as condições de vida da população etc. Teremos de adotar novos e modernos mecanismos de gestão interna, que instituam o monitoramento, a verificação de relatórios e mecanismos adequados de controle, capazes de simplificar o atual emaranhado de exigências para se fazer qualquer coisa no Brasil. Não haverá obras se não simplificarmos os processos, tornando-os absolutamente transparentes. Só assim poderemos controlar os investimentos e, ao mesmo tempo, promover a universalização dos benefícios, viabilizando as obras que dependem intrinsecamente do Estado e as que devem ser feitas em parceria com o setor privado. Entre nossas tarefas estão: a universalização do esgoto sanitário, da coleta e do tratamento da água; as creches; as Unidades de Pronto Atendimento na Saúde (UPAs); a segurança pública; o combate às drogas; as ferrovias, rodovias, hidroelétricas etc.

É fundamental aperfeiçoar o Estado para esse próximo passo, até porque o setor privado está modernizado e competitivo. Hoje, o setor privado é eficiente, pois sobreviveu aos inúmeros planos econômicos do passado. E quem sobreviveu ficou mais forte, mais competitivo. Consolidar a meritocracia e o profissionalismo no Estado é fundamental para esse novo passo. No governo Lula, recuperamos vários instrumentos de planejamento, como no caso da área de energia, conseguimos recompor o que se havia perdido, por meio da Empresa de Pesquisa Energética. Mas na área dos transportes, por exemplo, com a articulação dos diferentes modais, é necessário avançar mais.

Jorge Mattoso – *De que outras formas a recomposição do Estado pode incidir no futuro do país?*

Dilma – Essa recomposição é crucial para a questão social e de desenvolvimento. Gostaria de ressaltar outro aspecto, ligado à educação, ao desenvolvimento científico e tecnológico e aos setores produtivos: a inovação. Esse desafio vai exigir a articulação das redes de pesquisa da academia, os institutos públicos tecnológicos e as empresas privadas. No Brasil, muitas vezes, considerava-se como transferência de tecnologia simplesmente a vinda de uma empresa estrangeira para cá. Sem dúvida é importante, mas, em vários segmentos nos interessa a transferência, para o setor privado nacional, da tecnologia existente lá fora. A articulação do Estado, das instituições de pesquisa e da academia com o setor privado nacional é crucial para o processo. O Ceitec (empresa pública federal, de microeletrônica, ligada ao Ministério da Ciência e Tecnologia), o sistema nipo-brasileiro de TV digital e o projeto de transferência de tecnologia ferroviária do Trem de Alta Velocidade (TAV), são mostras dessa necessidade inadiável.

O processo de parceria entre setor público e setor privado é crucial para todos os caminhos a seguir. Será fundamental, por exemplo, a evolução do apoio ao micro e pequeno negócio no Brasil. Nossa proposta é fortalecer o micro e o pequeno negócio privado industrial e de serviços, no campo e na cidade, para consolidar realmente uma sociedade mais democrática e economicamente includente. Nesse sentido, a política de desenvolvimento da agricultura familiar é um exemplo de sucesso.

Jorge Mattoso – *Como financiar os necessários investimentos em tecnologia e inovação?*

Dilma – Não vamos crescer se não incorporarmos tecnologia de ponta e se não fizermos da agregação de valor uma ideia fixa. Temos ainda a questão da inovação, que está firmemente associada à educação. Por sinal, considero que o ministro Fernando Haddad está dando grandes contribuições para a revolução necessária na educação. A maior delas foi ter acabado com falsas contradições, como a falsa alternativa entre priorizar o ensino básico ou priorizar as universidades. Como se fosse possível ter qualidade no ensino básico, sem ter professores capacitados. Aonde iria parar o país se mantivéssemos as universidades sucateadas? Como se faz transferência de tecnologia sem institutos de pesquisa? Quem é portador do desenvolvimento científico e tecnológico, se não houver uma política para formar doutores e mestres?

O Estado precisa garantir, no próximo período, o dinheiro necessário para o desafio da educação e da pesquisa básica e aplicada. Além das fontes derivadas do próprio crescimento, gostaria de destacar os volumosos recursos do pré-sal. Defendemos incansavelmente a adoção do sistema de partilha na legislação do pré-sal, porque esse modelo permitirá a dedicação de uma parcela substantiva dos recursos obtidos com a exploração do petróleo para a educação, a inovação decorrente do desenvolvimento científico e tecnológico e o combate à pobreza.

Marco Aurélio – *Há algo importante a ressaltar: o conjunto das políticas externas – porque elas não se resumem apenas na diplomacia, são também a política econômica, a política ambiental. É uma questão forte mostrar que nossa reinserção internacional faz parte de um projeto nacional. A presença do Brasil no mundo e o que fizemos aqui dentro, tem um traço muito particular: somos um país democrático. E um país que está enfrentando o tema da desigualdade de uma forma corajosa.*

Dilma – Essa maneira democrática tem um aspecto que merece destaque no que se refere às relações econômicas externas. O fato é que o Brasil de hoje se caracteriza pelo respeito aos contratos firmados. Esse respeito deve ser visto como um valor decorrente do nosso compromisso com a estabilidade e de relações mais abertas e democráticas. Concordo com você. Como disse no início dessa entrevista, de fato, a nossa reinserção internacional faz parte do nosso projeto nacional. Consideramos imprescindível a relação construtiva, de pais líder e responsável, em episódios que envolviam nossos irmãos latino-americanos. Da Bolívia, passando pelo Haiti, o Brasil tem demonstrado que só se é líder regional responsável, verdadeiramente, sem belicismos e com muita solidariedade e espírito de parceria.

No que se refere às instituições da nossa democracia, temos uma relação democrática e explícita com o Congresso e com a imprensa também. Em relação aos países emergentes, eu diria, sem ser ufanista, que temos uma situação diferenciada, porque temos homogeneidade. Não temos conflitos étnicos, não temos guerras tribais, não temos conflitos fronteiriços, não temos guerras inter-regionais. Somos um país em que a questão étnica não perpassou a sociedade; temos um problema racial, mas a discriminação deve e está sendo combatida pela sociedade e pelas ações do nosso governo, mas não temos um conflito de guerra.

Marco Aurélio – *Uma questão que sensibiliza muito, hoje, é a da democratização da informação e da cultura. Nós tivemos, na história da República, três grandes momentos de mudanças no país: os anos 1930, o final dos 1950 e o começo dos 1960 e agora. É interessante observar que nas duas primeiras conjunturas, houve grandes movimentos de reflexão sobre o país. Caio Prado, Gilberto Freyre e Sérgio Buarque são figuras emblemáticas daqueles anos. Grandes expressões culturais, como Villa-Lobos, e mesmo o surgimento da arquitetura brasileira marcam aquele momento. Na virada dos 1950 para os 1960, temos o Raymundo Faoro, o Celso Furtado, o Iseb, a sociologia paulista e, do ponto de vista cultural, o cinema novo, a bossa nova, pintura e artes visuais. No momento atual, porém, vive-se um retraimento do pensamento crítico. Esse espaço deixado em branco pelo pensamento crítico está sendo indevidamente ocupado por uma subintelectualidade de direita, de muito baixa qualidade, que infesta a sociedade e o debate* com os liberais, os neoliberais, a crítica da democracia, com "intelectuais" tipicamente midiáticos. Evidentemente, essa não é uma tarefa do Estado, mas a democratização da informação e da cultura é algo que tem relação com ele: a socialização dos bens culturais, valorização da produção cultural existente submersa pela indústria midiática etc.

Dilma - Uma ambiguidade do momento atual é que há, de fato, tudo isso que você menciona. Ao mesmo tempo, surge a possibilidade de uma comunicação muito mais democrática através da internet, que vem exercendo um papel menos técnico e instrumental e mais um papel político e cultural. Permite, assim, um posicionamento que rompe as relações tradicionais há muito estabelecidas. O acesso à banda larga é uma questão central da democratização, disponibilizada para o conjunto da sociedade. Esse é um dos desafios respondido por iniciativas importantes, com destaque para o Plano Nacional de Banda Larga. Vamos garantir o acesso à internet, de forma mais imediata e barata, para todas as grandes concentrações populares urbanas, mas nosso objetivo é atingir todos os rincões do país. Por quê? A banda larga tem um grande poder, pois é possível usar simultaneamente a internet como telefone, televisão, cinema etc. Abre-se uma possibilidade de comunicação democrática. Os blogueiros, os twitteiros, o Orkut, todas as redes sociais da internet constituem uma novidade democrática que precisa ser levada em conta e respeitada.

Nós somos de uma geração de leitores, de ouvintes de rádio, depois entramos na televisão... Noto, às vezes, uma sensação de que nunca mais surgirá um grande compositor popular, um grande romancista ou um grande pensador. É uma atitude meio saudosista, porque isso não é verdadeiro, afinal eles estão por aí, sim. Estão entre os jovens, entre os usuários da internet que, hoje, de alguma forma, têm acesso à cultura e criarão os novos produtos culturais, produzirão as inovações, as obras que falarão à nossa alma. Acredito que estamos vivendo um momento culturalmente explosivo. E acho que precisamos colaborar com essa explosão. Se não somos nós, do governo, a atear o fogo, pelo menos vamos soprar muito.

O livro *Brasil, entre o passado e o futuro* foi impresso pela Prol Gráfica para a Editora Fundação Perseu Abramo e a Boitempo Editorial. A tiragem foi de 4.000 exemplares. O texto foi composto em Berkley no corpo 11/13,2. A capa foi impressa em papel Supremo 250g; o miolo foi impresso em papel pólen soft 80g.